Pe. ANDERSON GUERRA

TRANSFORMANDO MALDIÇÃO EM BÊNÇÃO

COMO DEUS PODE **RESTAURAR** SUA VIDA
ATRAVÉS DO PODER DA **ORAÇÃO**

petra

Copyright © 2017 by Pe. Anderson Guerra

Direitos de edição da obra em língua portuguesa no Brasil adquiridos pela PETRA EDITORIAL LTDA. todos os direitos reservados. Nenhuma parte desta obra pode ser apropriada e estocada em sistema de banco de dados ou processo similar, em qualquer forma ou meio, seja eletrônico, de fotocópia, gravação etc., sem a permissão do detentor do copirraite.

PETRA EDITORA
Rua Candelária, 60 – 7º andar – Centro – 20091-020
Rio de Janeiro – RJ – Brasil
Tel.: (21) 3882-8200 – Fax: (21) 3882-8212/8313

CIP-BRASIL. CATALOGAÇÃO NA PUBLICAÇÃO
SINDICATO NACIONAL DOS EDITORES DE LIVROS, RJ

G963t

    Guerra, Anderson, 1981-
        Transformando maldição em bênção / Anderson Guerra. - 1. ed. - Rio de Janeiro: Petra, 2017.
        160 p.

    ISBN 9788582781050

    1. Catolicismo. I. Título.

CDD: 282.09
CDU: 282

Sumário

Introdução 7

PARTE I - O QUE SÃO
(E DE ONDE VÊM) AS BÊNÇÃOS? 13

Antes de tudo, a definição:
afinal, o que é a bênção? 15

Mas... quem está autorizado a nos dar a bênção? 20

A conquista da graça: o combate espiritual 23

"Pai nosso, que estais no céu...":
a oração que o Senhor nos ensinou 30

O combate espiritual: alguns "santos guerreiros" 36
Santo Antão, "o Grande" 38
Santa Teresa d'Ávila 40
São João Maria Vianney 41
Santa Gemma Galgani 43
São Pio de Pietrelcina 44

PARTE 2 - E AS MALDIÇÕES?
O QUE SÃO — E DE ONDE VÊM? 47

Pois é: e as maldições? 49

Afinal, por que as maldições
"acontecem" e "funcionam"? 54
Tentação 56
Opressão 58
Vexação 61
Infestação 62
Possessão 63

Sobre os "salmos de maldição":
Eles existem. E podemos rezá-los! 67

Tobias e Sara:
um exemplo de luta contra a maldição 73

PARTE 3 - UMA PAUSA PARA REFLEXÃO... ANTES
DE PROSSEGUIR: DEVEMOS TEMER OU NÃO AS
MALDIÇÕES? EIS A QUESTÃO 83

Afinal: o Diabo tem mesmo poder? 85

O Demônio: um "anjo destronado" 89

PARTE 4 - TRANSFORMANDO MALDIÇÃO
EM BÊNÇÃO 95

Nossas "armas e armaduras" contra os ataques do
Maligno 97

Orar e vigiar:
o princípio do fortalecimento espiritual 101

Os sacramentos:
sete sinais de Deus ao nosso alcance 108
Batismo 109

Confirmação ou Crisma 110
Comunhão ou Eucaristia 111
Penitência ou Confissão 113
Unção dos enfermos 114
Ordem 114
Matrimônio 116

Sacramentais: sinais da presença
e da força dos sacramentos 118

Os dons do Espírito Santo:
verdadeira "chuva de bênçãos" 123
Fortaleza 125
Sabedoria 125
Ciência 126
Entendimento 127
Conselho 128
Piedade 129
Temor de Deus 130

Algumas armas espirituais infalíveis 132
Rejeite radicalmente a tentação 132
Identifique o inimigo e peça ajuda a Deus 133
Lute contra a preguiça 133
Use as armas de Jesus no deserto 134
Recorra aos sacramentais 134
Invoque Maria 134
Invoque São Miguel Arcanjo 135
Adendo – Dízimo: uma fonte permanente, mas
incompreendida, de bênçãos 135

PARTE 5 - ORAÇÕES DE CURA E LIBERTAÇÃO 141
Oração a São Miguel Arcanjo 142
Oração a São Gabriel Arcanjo 143
Oração a São Rafael Arcanjo 144
Vem, Espírito Criador! 144
Consagração a Nossa Senhora 145

Mensagem final: Deus nos convida à santidade!........146
Abençoados e libertos: alguns testemunhos...................149

Introdução

*E conhecereis a verdade,
e a verdade vos libertará.*

(João 8, 32)

Em nome do Pai, do Filho e do Espírito Santo. Pelo sinal da Santa Cruz, livrai-nos, Deus, Nosso Senhor, dos nossos inimigos espirituais e carnais.

Meus queridos irmãos! Conhecer a verdade, como promete o Evangelho de São João, é um dever, mas também, ao mesmo tempo, um direito que o Senhor nos concede, em sua infinita misericórdia. É isso o que este pequeno livro pretende: pelo dom do discernimento, esclarecer as dúvidas e os equívocos que envolvem um tema tão fundamental.

O que são as bênçãos e as maldições? Principalmente: como lidar com elas – tirando o proveito máximo de umas, aprendendo a nos proteger das outras?

Desde o começo, a ordenação do Senhor foi clara, como está em Deuteronômio:

> ²⁶Eis que hoje eu ponho diante de vós a bênção e a maldição; ²⁷a bênção, quando cumprirdes os mandamentos do Senhor vosso Deus, que hoje vos mando; ²⁸porém a maldição, se não cumprirdes os mandamentos do Senhor vosso Deus, e vos desviardes do caminho que hoje vos ordeno, para seguirdes outros deuses que não conhecestes (Deuteronômio 11, 26-28).

E também nesta outra passagem:

> ¹⁹Os céus e a terra tomo hoje por testemunhas contra vós, de que te tenho proposto a vida e a morte, a bênção e a maldição; escolhe, pois, a vida, para que vivas, tu e a tua descendência (Deuteronômio 30, 19).

Mas o fato é que para nós, herdeiros do pecado original, as coisas nem sempre funcionam desse jeito. De tanto convivermos com um assunto, temos a ilusão de que já sabemos tudo sobre ele. E, justamente num tema tão importante, quantas vezes metemos os pés pelas mãos!

A palavra tem muito poder, e por ela podemos nos abençoar uns aos outros, mas também condenar e lançar pragas e maldições. Mas não pensem que é de hoje que essa confusão impera: ela já existia nos tempos de Jesus, entre as autoridades e sábios da época. A palavra abençoada e milagrosa de Jesus era interpretada como maldição demoníaca:

> ²²Trouxeram-lhe, então, um endemoninhado cego e mudo; e, de tal modo o curou, que o cego e mudo falava e via. ²³E toda a multidão se admirava e dizia: Não é este o Filho de Davi? ²⁴Mas os fariseus, ouvindo isto, diziam: Este não expulsa os demônios senão por Belzebu, príncipe dos demônios (Mateus 12, 23-24).

Em sua epístola, o apóstolo Tiago já alertava sobre este risco:

> ²²E sede cumpridores da palavra, e não somente ouvintes, enganando-vos a vós mesmos. ²³Porque, se alguém é ouvinte da palavra, e não cumpridor, é semelhante ao homem que contempla ao espelho o seu rosto natural; ²⁴Porque se contempla a si mesmo, e vai-se, e logo se esquece de como era. ²⁵Aquele, porém, que atenta bem para a lei perfeita da liberdade, e nisso persevera, não sendo ouvinte esquecidiço, mas fazedor da obra, este tal será

bem-aventurado no seu feito. ²⁶Se alguém entre vós cuida ser religioso, *e não refreia a sua língua*, antes engana o seu coração, a religião desse é vã (Tiago 1, 22-26. Grifo nosso).

Sabem qual o resultado desta desobediência? É o próprio apóstolo quem denuncia, logo adiante: "De uma mesma boca procedem bênção e maldição. Meus irmãos, não convém que isto aconteça" (Tiago 3, 10).

Por isso, meus queridos irmãos, escrevi este pequeno livro. Para ajudar a trazer luz e conhecimento sobre a verdade contida na doutrina.

Porque só a verdade e o conhecimento podem nos livrar de cair em mãos erradas – a nós que lidamos com isso nas atribulações diárias, e precisamos estar sempre atentos para resistir aos apelos, ainda que inocentes e bem-intencionados, vindos de alguma variante do ocultismo.

Resultado: pensando que estamos em busca de uma coisa boa (as bênçãos, é claro), acabamos expostos a males indesejados (as maldições). E assim, em vez da prática verdadeira e católica, estaremos sendo vítimas (e até praticantes involuntários) de alguma superstição.

Existem azar e sorte? Nossas conquistas ou dificuldades, em todos os níveis – enfim, tudo o que acontece em nossas vidas –, podem ser colocadas na aritmética simples de sermos abençoados ou amaldiçoados?

"Eis que hoje eu ponho diante de vós a bênção e a maldição." Meus queridos irmãos, nunca subestimem a importância de termos a mais absoluta clareza sobre este assunto. Lembrem-se de que, na luta entre o bem e o mal, a nossa alma é o campo de batalha!

Esta é a finalidade deste pequeno livro: ajudá-los a serem os vencedores.

Parte I

O que são (e de onde vêm) as bênçãos?

¹E será que, se ouvires a voz do Senhor teu Deus, tendo cuidado de guardar todos os seus mandamentos que eu hoje te ordeno, o Senhor teu Deus te exaltará sobre todas as nações da terra. ²E todas estas bênçãos virão sobre ti e te alcançarão, quando ouvires a voz do Senhor teu Deus: ³Bendito serás na cidade, e bendito serás no campo. ⁴Bendito o fruto do teu ventre, e o fruto da tua terra, e o fruto dos teus animais; e as crias das tuas vacas e das tuas ovelhas. ⁵Bendito o teu cesto e a tua amassadeira. ⁶Bendito serás ao entrares, e bendito serás ao saíres. ⁷O Senhor entregará, feridos diante de ti, os teus inimigos, que se levantarem contra ti; por um caminho sairão contra ti, mas por sete caminhos fugirão da tua presença.

⁸O Senhor mandará que a bênção esteja contigo nos teus celeiros, e em tudo o que puseres a tua mão; e te abençoará na terra que te der o Senhor teu Deus. ⁹O Senhor te confirmará para si como povo santo, como te tem jurado, quando guardares os mandamentos do Senhor teu Deus, e andares nos seus caminhos. ¹⁰E todos os povos da terra verão que é invocado sobre ti o nome do Senhor, e terão temor de ti.
(Deuteronômio 28, 1-10)

³Bendito seja Deus, Pai de nosso Senhor Jesus Cristo, que do alto do céu nos abençoou com toda a bênção espiritual em Cristo, ⁴e nos escolheu nele antes da criação do mundo, para sermos santos e irrepreensíveis, diante de seus olhos. ⁵No seu amor nos predestinou para sermos adotados como filhos seus por Jesus Cristo, segundo o beneplácito de sua livre vontade, ⁶para fazer resplandecer a sua maravilhosa graça, que nos foi concedida por ele no bem-amado.
(Efésios 1, 3-6)

ANTES DE TUDO, A DEFINIÇÃO: AFINAL, O QUE É A BÊNÇÃO?

Meus queridos irmãos, se vocês forem procurar em qualquer dicionário, vão encontrar uma definição genérica para a palavra-chave:

> *Bênção* (substantivo feminino): ato ou efeito de benzer ou de abençoar.

Alguns já trazem explicações mais específicas, de caráter diretamente religioso:

> *Bênção*: ato ou efeito de um sacerdote invocar a graça de Deus para alguém ou algo.

Ou ainda:

ato ou efeito de um sacerdote santificar ou consagrar um objeto ou pessoa ao culto de Deus, ou aspergir com água benta algo não destinado originalmente ao culto religioso.

Mesmo se traduzida para palavras mais claras e simples, como ocorre em um dicionário, não há como fugir da ideia central, e mais importante, de que *uma bênção envolve sempre a ação de Deus*. E isso pode ser conferido no *Catecismo da Igreja Católica*, que todo católico deve ter em casa e ler sempre. É nele, mais especificamente nos parágrafos 1078 e 1079, que lemos, para que não nos reste nenhuma dúvida:

> Abençoar é uma ação divina que dá a vida e da qual o Pai é a fonte. Sua bênção é ao mesmo tempo palavra e dom (*benedictio, eulogia*). Aplicado ao homem, esse termo significa a adoração e a entrega a seu criador, na ação de graças.
>
> Desde o início até a consumação dos tempos, toda a obra de Deus é bênção. Desde o poema litúrgico da primeira criação até os cânticos da Jerusalém celeste, os autores inspirados anunciam o projeto de salvação como uma imensa bênção divina.

Isto significa que as bênçãos representam – invariavelmente – um pedido ou uma confirmação da intercessão de Deus em benefício da vida de uma ou mais pessoas. E cada um de nós é capaz de sentir sua ação em nossas vidas – seja esta ação de natureza preventiva, salvadora ou apenas protetora.

Tudo é bênção, em certo sentido. E tudo – no sentido pleno – é misericórdia! Sem as bênçãos de Deus, não conseguimos enfrentar e vencer os desafios e as dificuldades do dia a dia.

O *Catecismo* lembra também, no parágrafo 1081, que as bênçãos divinas sempre se manifestavam, ao longo dos tempos, em acontecimentos impressionantes e salvadores, que vocês, meus irmãos, bem conhecem: o nascimento de Isaac, a saída do Egito (Páscoa e Êxodo), o dom da Terra Prometida, a eleição de Davi, a presença de Deus no templo, o exílio purificador...

> A lei, os profetas e os salmos, que tecem a liturgia do povo eleito, lembram essas bênçãos divinas e ao mesmo tempo lhes respondem mediante as bênçãos de louvor e de ação de graças.

O Novo Testamento (registro da presença viva de Cristo entre nós) veio confirmar essas antigas promessas e *consolidar a nova Aliança*. Por isso, na liturgia da Igreja, a bênção divina é plenamente revelada e comunicada: o Pai é reconhecido e adorado como a fonte e o fim de todas as bênçãos da criação e da salvação; no Verbo Encarnado, morto e ressuscitado por nós, Ele nos cumula com suas bênçãos, e por meio dele derrama em nossos corações o dom que contém todos os dons: o Espírito Santo.

E o *Catecismo* acrescenta:

> Compreende-se então a dupla dimensão da liturgia cristã como resposta de fé e de amor às "bênçãos espirituais" com as quais o Pai nos presenteia. Por um lado, a Igreja, unida a seu Senhor e "sob a ação do Espírito Santo", bendiz o Pai "por seu dom inefável" (2 Coríntios 9, 15) mediante a adoração, o louvor e a ação de graças. Por outro lado, e até a consumação do projeto de Deus, a Igreja não cessa de oferecer ao Pai "a oferenda de seus próprios dons" e de implorar que Ele envie o Espírito Santo sobre a oferta, sobre si mesma, sobre os fiéis e sobre o mundo inteiro, a fim de que pela comunhão com a morte e a ressurreição de Cristo Sacerdote e pelo poder do Espírito estas bênçãos divinas produzam frutos de vida "para louvor e glória de sua graça" (Efésios 1, 6).

Em outras palavras, queridos irmãos: as bênçãos exprimem a dinâmica e *o próprio movimento da oração*. Elas representam o próprio encontro entre Deus e o homem – entre o dom misericordioso de Deus e a fé do homem piedoso.

Por isso, na próxima vez que vocês pronunciarem (ou ouvirem) estas simples palavras "Deus te abençoe", lembrem-se: apesar de simples, elas representam muita força na vida de cada um de nós.

Mas... quem está autorizado a nos dar a bênção?

Todos nós já nos fizemos esta pergunta algumas vezes: afinal, *quem é que pode* dar a bênção a alguém? Quer dizer, quem é portador deste poder de abençoar? Pela boca de quem as bênçãos *funcionam*?

    É claro que a primeira categoria que nos vem à cabeça é a dos sacerdotes – padres, diáconos e toda a hierarquia do clero. Mas a verdade é que, a rigor, qualquer um de nós pode (e mais do que isso: deve) não apenas *pedir* mas *oferecer* em oração sua bênção, em favor de nosso próximo. Podemos e devemos rezar até por aqueles que não conhecemos: os vivos (nossos irmãos em situação de necessidade e perigo, material ou espiritual) e os mortos (aqueles que já partiram desta vida, na esperança de chegar à presença do Altíssimo). Aliás, Jesus, no Evangelho, já dava este conselho: que rezemos uns pelos outros.

Palavras costumam ser vistas e ouvidas como "simples palavras", mas creiam, meus irmãos, que elas ganham um novo sentido e uma nova força quando vêm revestidas do poder da Palavra do próprio Deus – que é sempre aquele que age em cada uma dessas situações.

Certamente, existem algumas situações especiais. Por exemplo: quando alguém vem pedir ao padre que abençoe sua família ou sua casa; ou quando um pai e uma mãe abençoam um filho. No segundo caso, aliás, a eficácia é especialmente garantida. Pelo papel que eles desempenham na vida de um filho, a bênção do pai e da mãe *opera e funciona de fato*. Por "piores" que eles sejam, em termos espirituais, Deus fala mais forte: abençoou, está valendo. Está abençoado.

A bênção, por sinal, é uma promessa antiga de Deus. Em Sua infinita bondade e misericórdia, desde o começo Ele já prometia aos nossos ancestrais uma vida regada de bênçãos – mas sob uma condição: "quando cumprirdes os mandamentos do Senhor vosso Deus, que hoje vos mando" (Deuteronômio 11, 27). Porque aquilo que nos conduz ou nos afasta de uma vida regada de bênçãos está diretamente ligado à nossa obediência aos mandamentos do Senhor nosso Deus.

São Máximo, o Confessor, santo que viveu no século VII, dizia que não existe nenhum dom que não tenha vindo de Deus. Nossa inteligência, nossa própria saúde e até o sucesso profissional e familiar – tudo nos é dado por Deus, de forma direta ou através de algum de seus intercessores. Tudo são bênçãos, e todas elas vêm de Deus. Mas para isso é preciso "apenas" que saibamos pedir e que tenhamos a disposição de viver em estado de graça. Quer dizer: viver *na bênção*.

Aos olhos de Deus, nenhuma vida é pequena ou insignificante quando é vivida dentro da bênção, isto é, na plena graça do Senhor. Em suma, quando é sinceramente dedicada à busca do aperfeiçoamento espiritual e da santidade.

Isso pode não ser fácil, mas é possível: só precisamos estar dispostos a lutar continuamente contra as tentações do pecado.

A CONQUISTA DA GRAÇA:
O COMBATE ESPIRITUAL

Na luta espiritual entre as forças do bem e do mal, cujo campo de batalha é a nossa alma, *as bênçãos constituem nosso escudo e nossa armadura.*

Mas de que maneira criaturas como nós, herdeiros do pecado original, conquistamos esta poderosa barreira protetora? Pelo caminho da perfeição espiritual, isto é, nos aproximando o máximo possível do chamado "patamar de santidade". Não pensem que não podemos chegar a isso sendo fracos e pecadores: a *senha de acesso* passa exatamente por aí...

Vamos passo a passo.

Em linhas gerais, precisamos cumprir algumas etapas na trilha da perfeição espiritual e da santidade:

- Ter consciência e meditar sobre a grandeza e a bondade infinitas de Deus e, ao mesmo tempo, sobre a nossa fraqueza e grande inclinação para o pecado. Era o que São Francisco pedia a Deus em suas orações, noites a fio: "Senhor, que eu Vos conheça; e me conheça."

- Aceitar as humilhações que viermos a sofrer, sujeitando nossa vontade à Vontade Divina, assim como à das pessoas que Deus colocar em nosso caminho para que nos aconselhem e dirijam (nosso pároco, um amigo religioso, um diretor espiritual, por exemplo).

- Enfrentar tudo isso exclusivamente por amor a Deus e pela salvação de nossas almas, para conseguir a glória de Deus e conseguir agradar a Ele.

- (Vejam que não estou sugerindo nada mais do que cumprir o primeiro mandamento, que estabelece: "Amar a Deus de todo o coração e acima de todas as coisas.")

- Obedecer àquilo que Jesus exige de cada um de nós: negar a nós mesmos, aceitarmos a Cruz de nossos eventuais sofrimentos e O seguirmos – confiando na promessa de que seu jugo é suave e leve. Assim aprenderemos com Ele a ser mansos de coração.

🌀 Atender, enfim, ao que São Paulo aconselha: imitar o exemplo de Jesus, que não se aproveitou de sua autoridade de ser Deus, mas (ao contrário) humilhou-se e se fez obediente à vontade de Deus Pai até a morte na Cruz.

Conseguir isso é caminhar na direção da perfeição espiritual. Mas, para chegar até lá, precisamos atender a quatro condições:

1. Confiar em Deus.

2. Desconfiar de nós mesmos.

3. Exercitar nossas eventuais qualidades.

4. Dedicar-nos constantemente à oração – e rezar, rezar muito, rezar sempre.

Uma alma descuidada, um espírito desatento: esta é a *porta entreaberta* que o Diabo sabe muito bem aproveitar para tentar se apossar de nós, conduzindo-nos à condenação – e nós sabemos que aquilo que a vontade de Deus reservou para nós é bem diferente disso!

Para enfrentar essas fraquezas, precisamos ter consciência de que sozinhos, contando apenas com a nossa frágil "força de vontade", não somos capazes de praticar apenas o bem e evitar todo o mal. Por isso, precisamos pedir a Deus, com fervor e humildade, a graça de confiar nele e ao mesmo tempo desconfiar de nós mesmos. E acreditar que conseguiremos isso através da perseverança – sabendo que até isso será um presente de Deus para nós.

Agindo sempre assim, vocês verão que em pouco tempo já estaremos habituados a não nos fiar em nossas próprias forças para mantermos a alma livre de pecados. Também aprenderemos a sentir um temor sincero, verdadeiro, diante das armadilhas de nossas más inclinações – e a estar vigilantes, "porque o próprio Satanás se transfigura em anjo de luz" (2 Coríntios 11, 14).

Assim, quando cairmos em alguma tentação e cometermos uma falta, estaremos cada vez mais aptos a refletir sobre a extensão da nossa fraqueza e inclinação para o mal. Lembrando sempre que Deus permite nossos pecados e quedas para aprender a iluminar melhor nossa incapacidade de atingir a santidade por nossa própria conta – e para isso precisaremos ser humildes, reconhecer nossos limites, aceitar nossas provações. É como no episódio do cego de nascença, no Evangelho de São João: vendo o pobre infeliz, "os seus discípulos lhe perguntaram: Senhor, quem pecou, ele ou seus pais, para que nascesse cego? Jesus respondeu: Nem ele nem seus pais;

mas foi assim para que as obras de Deus se manifestem nele" (João 9, 2-3).

Confiar em Deus: eis, em poucas palavras, o tributo que temos que pagar. Eis o preço que o próprio Senhor nos exige para atingirmos a perfeição espiritual e a santidade – em suma, o caminho do estado de graça.

Mas, se *a graça não sai "de graça"*, qual é o tamanho deste "preço" que devemos pagar? Trocando em miúdos, o que precisamos fazer? Na verdade, nenhum preço jamais será alto demais quando se trata de conquistar um troféu assim tão valioso!

Acreditem, queridos irmãos: é um preço que está ao nosso alcance. Só temos que aprender a dominar e superar nossas fraquezas.

Em primeiro lugar, precisamos rezar: pedir muitas vezes em oração, com fé e humildade. Precisamos ter sempre no nosso espírito a lembrança – ou melhor, a *certeza* – do imenso poder de Deus e de sua infinita bondade, que O levam sempre a conceder muito mais do que aquilo que Lhe suplicamos em nossas orações. Tudo o que pedirmos, haveremos de conseguir! Porque "para Deus nada é impossível", como lembrou o anjo a Nossa Senhora, nossa Mãe (Lucas 1, 37).

Eis aí um convite de amor – um convite a partilhar do banquete de Amor de Deus. Como diz o próprio Jesus: "Eis que estou à porta, e bato; se alguém ouvir a minha voz, e abrir a porta, entrarei em sua casa, e com ele cearei, e ele comigo" (Apocalipse 3, 20).

Todo católico deve estar sempre lendo e consultando as Sagradas Escrituras – lendo e pensando, relendo e tornando a refletir. Em particular, sobre aquilo que fala sobre a importância de termos toda esta confiança em Nosso Senhor. Por exemplo, nunca será demais ler e repetir o que está no Salmo 20, 7:

> Uns confiam em carros, outros em cavalos; nós, porém, confiamos no nome do Senhor nosso Deus, a quem invocamos.

Em nossa luta, em nossa caminhada, devemos confiar naquele que realmente nos guia e conduz.

Meus queridos irmãos, é nosso dever e nossa salvação invocarmos o nome de Deus e nos empenharmos em atingir determinada virtude ou praticar boas ações. Porque só assim vamos reforçar nossa certeza de que é dele que provêm a honra, o poder e a glória para sempre, como está na oração (vamos falar disso daqui a pouco!). Lembrem-se: "Tudo que pedirdes com fé, na oração, recebereis" (Mateus 21, 22).

Tudo isso vai garantir *o equilíbrio indispensável* entre a consciência da nossa incapacidade e a confiança na capacidade de Deus – na força daquele que é todo-poderoso.

Assim, haveremos de sair fortalecidos e vitoriosos deste combate espiritual que tem por campo de batalha a nossa alma. Afinal, como diz São Paulo, "não somos capazes de pensar por nós mesmos; toda a nossa capacidade vem de Deus" (2 Coríntios 3, 5).

O mundo espiritual é um fato real: ele existe. E é nele que acontecem os grandes e verdadeiros combates. E só podemos atingi-lo plenamente através de armas poderosas, como a oração, o jejum e a humildade:

> Revesti-vos da armadura de Deus, para que possais resistir às ciladas do demônio. Pois não é contra homens de carne e sangue que temos de lutar, mas contra os principados e potestades, contra os príncipes deste mundo tenebroso, contra as forças espirituais do mal (espalhadas) nos ares (Efésios 6, 11-12).

As orações são muitas, e sempre muito eficazes e acolhedoras. Além das que fazem parte do Missal Romano e são praticadas durante as Missas e a reza do terço, temos muitas orações com diversas finalidades – em particular as dedicadas à cura e à libertação, como as que ministramos em nosso Santuário.

Mas há uma oração, em especial, que se encontra no centro da nossa vida de fiéis – aquela que, segundo as Escrituras, o Senhor nos deixou de presente: o *Pai-nosso*.

"Pai nosso, que estais no céu...": a oração que o Senhor nos ensinou

Seja durante a Missa, em casa ou mesmo em silêncio, na rua ou no trabalho, quando rezamos o Pai-nosso, a oração que Deus nos ensinou e legou (Mateus 6), estamos exercitando e reafirmando nossa vontade de sermos parecidos com Ele, um mínimo que seja. E, ao mesmo tempo, estamos pedindo para que Ele ajude a desenvolver em nós um coração humilde e confiante.

Quando rezamos o Pai-nosso, estamos invocando a Nova Aliança em Jesus Cristo, a comunhão com a Santíssima Trindade e a caridade divina que se estende pelo mundo inteiro, através da Igreja.

Tantas vezes, na correria diária, costumamos ligar o "piloto automático" e rezar sem refletir. É claro que nem por isso a oração perde o valor, e Deus nos ouvirá e atenderá em Sua infinita misericórdia. Mas que tal aproveitarmos agora, neste livro, para analisar – trecho a trecho – esta oração que está no centro da nossa fé? Que tal refletir mais calmamente sobre *a força de cada palavra* desta oração que Jesus Cristo nos legou – mas que nem sempre costumamos rezar com a devida atenção?

Vamos fazer então esta reflexão. Depois de evocar o nosso Pai e nos colocarmos em comunhão com toda a Igreja e toda a família humana, passamos a dirigir a Ele *sete pedidos* – a esperança de sete bênçãos. As três primeiras são claramente de natureza celestial, pois se dirigem a honrar e glorificar a Deus:

🌀 Santificado seja o *Vosso nome*.

🌀 Venha a nós o *Vosso reino*.

🌀 Seja feita a *Vossa vontade*, assim na terra como no céu.

Isso faz parte da própria natureza do amor: pensar primeiro naquele que amamos. Só depois, na segunda parte, é que nos incluímos, com humildade, mediante *quatro pedidos*:

🌀 O pão nosso de cada dia nos dai hoje.

🙏 Perdoai as nossas ofensas.

🙏 Não nos deixeis cair em tentação.

🙏 Livrai-nos do mal.

Ou seja, com os três primeiros pedidos, somos "confirmados na fé, repletos de esperança e abrasados pela caridade", como diz o *Catecismo* – culminando na nossa certeza de que a vontade de Deus, cujo cumprimento pedimos, é que sejamos salvos e merecedores de nos apresentarmos um dia à Sua presença.

Quando fazemos o *quarto pedido* ("O pão nosso de cada dia nos dai hoje"), demonstramos nossa confiança de filhos que tudo esperam do Pai. Mostramos acreditar que Ele é pura misericórdia, uma misericórdia que vai além de nosso merecimento, porque "faz nascer o seu sol igualmente sobre maus e bons e cair chuva sobre justos e injustos" (Mateus 5, 45). Esse Pai que é bom para além de toda a bondade não há de nos deixar faltar o alimento de cada dia.

No *quinto pedido* ("Perdoai as nossas ofensas"), complementado com humildade pela lembrança de nossa obrigação ("Assim como nós perdoamos a quem nos tem ofendido"), reconhecemos nossa condição de pecadores. E, como o Filho Pródigo da parábola (confiram em

Lucas 15, 11-32), reconhecemos e confessamos a nossa condição de pecadores – ao mesmo tempo que nosso dever de perdoar a quem nos tiver ofendido – se queremos ser como o Pai e fazer a vontade dele.

Mais uma vez, estamos deixando claro em nossa devoção que tudo o que recebermos, nesse sentido, será por misericórdia e bondade de Deus, e não pelos nossos méritos. Mas Jesus lembra mais de uma vez que devemos nos empenhar: "Deveis ser perfeitos *como* vosso Pai Celeste é perfeito" (Mateus 5, 48); "Sede misericordiosos *como* vosso Pai é misericordioso" (Lucas 6, 36); "Dou-vos um mandamento novo: que vos ameis uns aos outros *como* eu vos amei" (Lucas 13, 34).

O *sexto pedido* da oração ("Não nos deixeis cair em tentação") é um complemento e uma consequência do anterior: afinal, nossos pecados (nossas *ofensas* a Deus e ao irmão) são fruto da nossa fraqueza e consentimento em relação às tentações. Por isso clamamos a Deus para que não nos *deixe cair* nelas. Ou seja, nós lhe rogamos que não nos deixe enveredar pelo caminho que conduz ao pecado – e reafirmamos que estamos empenhados no combate diário "entre a carne e o Espírito". Lembrem-se, queridos irmãos: *vencer este combate só é possível na oração*.

Finalmente, no *sétimo pedido* ("Livrai-nos do mal"), devemos estar conscientes de que não estamos nos referindo a uma coisa abstrata, mas a uma presença concreta, uma pessoa: Satanás, o Maligno, o anjo que se opõe a Deus e se aproveita de todas as nossas "deixas", de todas as brechas e portas que deixamos entreabertas, para nos fazer pecar e nos tirar do *estado de graça* (como vamos ver mais detalhadamente nos próximos capítulos).

Durante a missa, a oração é complementada por uma expressão mediante a qual o sacerdote pede mais uma vez ao Senhor que nos livre de todos os males passados, presentes e futuros, complementando: "Livrai-nos de todos os males, ó Pai, e dai-nos hoje a vossa paz. Ajudados por vossa misericórdia, sejamos sempre livres do pecado e protegidos de todos os perigos, enquanto, vivendo a esperança, aguardamos a vinda do Cristo Salvador."

(Que palavras lindas e poderosas!)

A nós, cabe responder em voz alta, e com devoção: "Pois vosso é o reino, o poder e a glória para sempre!"

Reparem como, com essas palavras, retomamos nossos três pedidos iniciais a Deus: a glorificação de seu Nome, a vinda de seu Reino e o poder de sua Vontade salvadora. (E antes que pensem que esta é uma "interpretação particular do padre Anderson", fiz apenas um apanhado daquilo que está no *Catecismo da Igreja Católica*, explicado com clareza e brilho, a partir do parágrafo 2803. E não custa repetir: o *Catecismo* é um livro que todo católico deve ter em casa e consultar sempre.)

Meus queridos irmãos: a oração do Pai-nosso é pura bênção! Da próxima vez que a rezarem, como o Senhor nos ensinou, dediquem mais alguns minutos (e um pouco mais de concentração) ao pronunciarem cada palavra. Podem ter certeza: todos sairão fortalecidos e mais convictos de estarem preparados para o combate espiritual.

O COMBATE ESPIRITUAL: ALGUNS "SANTOS GUERREIROS"

O mundo espiritual é um fato real: embora às vezes não seja visível, estejam certos de que *ele existe*. E é nele que acontecem os grandes e verdadeiros combates. A história do cristianismo menciona a luta de muitos desses guerreiros vitoriosos, que devemos tomar como exemplos. Recordemos, então, esta passagem:

> Revesti-vos da armadura de Deus, para que possais resistir às ciladas do demônio. Pois não é contra homens de carne e sangue que temos de lutar, mas contra os principados e potestades, contra os príncipes deste mundo tenebroso, contra as forças espirituais do mal (espalhadas) nos ares (Efésios 6, 11-12).

O estado de graça de que falamos até aqui, e que só as bênçãos nos garantem, é a nossa melhor armadura. Mas só podemos atingi-lo plenamente através da oração, da humildade e das penitências. É o que já começamos a mostrar e é o que mostraremos ainda mais ao longo deste pequeno livro. Aliás, nosso primeiro papa, o próprio São Pedro, já nos advertia:

> Sede sóbrios; vigiai; porque o diabo, vosso adversário, anda em derredor, rugindo como leão, procurando a quem devorar (1 Pedro 5, 8).

Vejam: São Pedro pediu para sermos sóbrios, vigiarmos – assim como tantos outros santos pediram de nós orações, jejum, humildade... *Nenhum deles sugeriu que tivéssemos medo!*

É claro que a vida santificada não é por si só garantia de serenidade e de paz. Se formos olhar de perto, a história do cristianismo traz o testemunho de numerosos combates espirituais, a luta de muitos destes guerreiros vitoriosos, que devemos tomar como exemplos. Porque a história dos santos da Igreja é a história de homens e mulheres valentes.

Até porque, ninguém se iluda: quanto mais as almas se aproximam da santificação, maior será a tentação do Demônio – porque essa criatura que Jesus apelidou de "príncipe deste mundo" está sempre se empenhando em impedir que nossas almas atinjam a glória do verdadeiro mundo que conta: o Reino dos Céus.

Mas atenção! É preciso fazer disso um incentivo e não um obstáculo à busca da graça, à busca da bênção. Conhecer a vida dos santos faz parte desta busca: eles nos dão o testemunho de que é preciso fé, humildade e perseverança – mas não precisamos sentir medo.

Santo Antão, "o Grande"

Santo Antão viveu nos séculos III e IV e foi um dos primeiros monges a se retirar para o deserto, a fim de se entregar ao jejum e à oração. Seu biógrafo, Santo Atanásio, deu seu testemunho: "Quando visitávamos Santo Antão nas ruínas onde vivia, escutávamos tumulto, muitas vozes e o choque de armas. Durante a noite, apareciam bestas selvagens e o santo as combatia através da oração."

Contam que certa vez, quando tinha 35 anos, Santo Antão decidiu passar a noite sozinho numa tumba abandonada. Então apareceu ali um grupo de demônios, que o arranharam a ponto de ele não conseguir se levantar do chão. O ermitão comentava que a dor causada por essa tortura demoníaca não se comparava a nenhuma dor causada pelo homem.

Foi só no dia seguinte que um amigo o encontrou desacordado e o levou ao povoado mais próximo, para curá-lo. Mas dizem que, quando o santo recuperou os sentidos, pediu ao seu amigo que o levasse de volta à tumba. Sua determinação era tão grande que o amigo obedeceu – e, ao se ver outra vez diante da tumba, Santo Antão gritou: "Sou Antão e aqui estou. Não fugirei de suas chicotadas, e nenhuma dor ou tortura me separará do amor de Cristo."

Santo Atanásio relata que os demônios retornaram. E vejam o que aconteceu, meus amigos! Ouviu-se uma trovoada, semelhante ao barulho de um terremoto. O lugar inteiro foi sacudido e os demônios saíram das quatro paredes, na forma de animais e répteis monstruosos: de leões, ursos e leopardos, a serpentes, víboras e escorpiões. Uma cena ruidosa e assustadora.

Mas, mesmo ofegante de dor, o santo enfrentou os demônios dizendo: "Se vocês tivessem algum poder, bastaria que somente um de vocês viesse me enfrentar! Mas, como Deus os criou fracos, querem me assustar com a quantidade, e ainda por cima adotando a forma de animais irracionais!" E ainda acrescentou: "Se tiverem recebido algum poder contra mim, ataquem-me de uma vez. Mas, se não são capazes, por que me perturbam em vão? Porque minha fé em Deus é meu refúgio e a muralha que me salva de vocês."

De repente, o teto do lugar foi aberto e uma luz brilhante iluminou a tumba. Os demônios desapareceram e as dores pararam. Quando percebeu que Deus o salvara, ele rezou: "Onde estavas? Por que não apareceste desde o começo para me liberar das dores?" Deus então lhe respondeu: "Eu estava ali, mas esperei para te ver brigar. E, como perseveraste na luta e não caíste, sempre estarei disposto a te socorrer, e o teu nome será conhecido em todas partes."

Depois de escutar as palavras do Senhor, o monge se levantou e orou. E aos poucos foi sentindo que, no seu corpo, havia mais força e poder do que antes.

Santa Teresa d'Ávila

Santa Teresa d'Ávila foi uma mística espanhola do século XVI e é venerada em todo o mundo como Doutora da Igreja, por suas obras de aprofundamento da vida espiritual. Ficou famosa também por suas orações e meditações, bem como pelas frequentes visões em que o Demônio aparecia.

"Tinha uma forma abominável, sua boca era horrenda. Não tinha sombra, mas estava coberto de fogo": foi assim que a santa descreveu o Demônio que lhe surgia. Contam que, certa vez, Santa Teresa d'Ávila viu um sacerdote sendo atacado por demônios durante a celebração da liturgia: "Com os olhos da alma vi dois demônios de aspecto repugnante que pareciam ter seus chifres em volta do padre enquanto ele rezava a Missa." Essas manifestações visuais eram relativamente raras. O mais comum, em sua vida, era sentir a presença física de Satanás através de dores fortíssimas em seu corpo. Às vezes, torturava-a por cinco longas horas. Mas ela era uma mulher de fibra e cheia de coragem, pois contava com a graça de Deus.

Sabem quais eram suas armas contra as forças demoníacas? A oração, a humildade... e a água benta, que ela considerava uma arma espiritual muito poderosa: "Não há nada como água benta para afugentar os demônios."

São João Maria Vianney

São João Maria Vianney nasceu na França entre o fim do século XVIII e o começo do século XIX. Além de grande pregador, era um homem de oração e caridade, habituado a mortificações frequentes. Tinha um dom especial para a confissão – e isso atraía pessoas de diferentes lugares, para contarem seus pecados e receberem seu perdão e seus santos conselhos. Hoje é aclamado como "padroeiro dos sacerdotes".

Como não poderia deixar de ser, graças a essa vida santificada, São João Maria também precisou lutar contra o Maligno em várias ocasiões. Contam que, certa vez, sua irmã passou a noite na sua casa, que ficava ao lado da igreja, e ouviu raspões na parede. Imediatamente ela foi ter com o irmão, que estava atendendo confissão. O santo padre tratou de acalmá-la: "Minha irmã, não se preocupe nem tenha medo: é o *Resmungão*. Ele não pode machucar você, porque é a mim que ele procura, de todas as formas possíveis. Às vezes agarra meus pés e me arrasta pelo quarto. Ele faz isto, porque eu converto muitas almas para o bom Deus."

O Demônio fazia ruídos durante horas: cristais se quebrando, assobios e relinchos. Inclusive, ficava gritando sob a janela do santo padre. Seu objetivo era não deixar que o sacerdote dormisse. Assim, no dia seguinte, ele estaria cansado e não poderia ficar muito tempo no confessionário, onde salvava muitas almas das garras do Maligno. Deus premiou essa grande perseverança diante das provações com um poder extraordinário, que lhe permitia expulsar demônios das pessoas possuídas.

Em outra ocasião, enquanto São João Maria se preparava para celebrar a Missa, um homem veio lhe dizer que seu quarto estava pegando fogo. Sabem qual foi a resposta impagável e exemplar do nosso santo? Vejam só, meus queridos irmãos: "O *Resmungão* está furioso. Como ele não consegue pegar o pássaro, queima a gaiola."

E entregou a chave para aqueles que iam ajudar a apagar o fogo. Ele sabia que Satanás queria impedir a Missa – e, como podem ver, não conseguiu.

Santa Gemma Galgani

A italiana Gemma Galgani foi uma mística que vivenciou experiências espirituais maravilhosas.

Numa carta dirigida a um sacerdote, a santa escreveu: "Durante dois dias, depois de receber a Santa Comunhão, Jesus me disse: 'Minha filha, em breve o Diabo começará uma guerra contra ti.' Essas palavras são repetidas constantemente no meu coração. Reze por mim, por favor."

Santa Gemma Galgani percebeu que a oração era a melhor arma para se defender dos ataques de Satanás, que se vingava dela provocando fortes dores de cabeça para impedir que dormisse. Mas, apesar do cansaço, ela perseverou na oração: "Quantos esforços esse miserável faz para que eu não reze. Ontem tentou me matar, e quase conseguiu, mas Jesus me salvou."

Dizem que certa vez, enquanto ela escrevia uma carta, o Diabo arrancou a caneta das suas mãos, rasgou o papel e a agarrou pelos cabelos com suas "garras ferozes", até tirá-la da cadeira onde estava sentada. Em outra ocasião (como ela escreve numa de suas cartas), "o demônio se apresentou diante de mim como um gigante, dizendo: 'Para ti já não há esperança de salvação. Estás nas minhas mãos!' Eu lhe respondi que Deus é misericordioso e, portanto, nada temo. Então me bateu na cabeça e me disse 'Maldita!', desaparecendo em seguida."

Foram muitos os ataques demoníacos que ela sofreu, mas Santa Gemma sempre teve fé em Jesus. Chegou até a lançar mão de humor contra Satanás. Uma vez, escreveu a um sacerdote: "Tinha que ver, quando Satanás fugia fazendo caretas: você morreria de rir! É tão feio! Mas Jesus me disse que não deveria temer."

SÃO PIO DE PIETRELCINA

Por fim, temos o caso mais recente desta nossa pequena lista: o Padre Pio de Pietrelcina, sacerdote italiano que nasceu no final do século XIX e morreu em 1968.

Sua santidade foi largamente comprovada pelos muitos milagres que realizou em vida. Desde sua juventude, ele tinha visões celestes – mas nem por isso deixou de sofrer ataques frequentes do Demônio. Satanás o visitava regularmente, a fim de corromper sua alma e sua fé. Gabriele Amorth, o famoso padre exorcista da diocese de Roma, deu testemunho da "grande e constante luta do santo contra os inimigos de Deus e das almas".

Dizem que o Demônio aparecia para o Padre Pio em forma de gato preto, mas também de animais repugnantes, com a clara intenção de lhe incutir terror. Já outras vezes assumia a aparência de moças nuas e provocantes, em danças obscenas, para tentar o jovem sacerdote em sua castidade. Mas o "príncipe deste mundo" fazia ainda pior, quando surgia em forma de Jesus, da Virgem ou de São Francisco, ou mesmo como se fosse seu diretor espiritual.

Mas era difícil enganar aquele sacerdote fiel, valente e ao mesmo tempo humilde: nem mesmo essa estratégia mais perigosa conseguia escapar a quem já tinha desenvolvido *intimidade com as coisas de Deus*. Ele percebia, por exemplo, a timidez quando a "Virgem" e o "Senhor" lhe apareciam – e uma inconfundível sensação de paz quando a visão terminava.

Satanás também buscava feri-lo fisicamente. São Padre Pio sentia dores violentas, como descreveu numa carta a um irmão, que era também seu confidente: "Esses demônios não param de me atacar, e inclusive fazem com que eu caia da cama. Também rasgam minhas vestimentas para me açoitar! Mas já não me assustam porque Jesus me ama e Ele sempre me levanta e me coloca novamente na minha cama."

Oração, fé, humildade, água benta... Todas essas santas figuras recorreram às poderosas armas que estão à nossa disposição. Por isso, devem servir para nós como exemplos incontestáveis de uma grande lição: quando uma pessoa estiver perto de Deus, ela poderá ser tentada, mas *não precisará temer a presença do Demônio*.

E é assim, sem medo, mas com muita responsabilidade, que devemos abordar o segundo tema deste nosso pequeno livro: as maldições.

Parte 2

E as maldições? O que são — e de onde vêm?

¹⁵ *Será, porém, que, se não deres ouvidos à voz do Senhor teu Deus, para não cuidares em cumprir todos os seus mandamentos e os seus estatutos, que hoje te ordeno, então virão sobre ti todas estas maldições, e te alcançarão:* ¹⁶ *Maldito serás tu na cidade, e maldito serás no campo.* ¹⁷ *Maldito o teu cesto e a tua amassadeira.* ¹⁸ *Maldito o fruto do teu ventre, e o fruto da tua terra, e as crias das tuas vacas, e das tuas ovelhas.* ¹⁹ *Maldito serás ao entrares, e maldito serás ao saíres.* ²⁰ *O Senhor mandará sobre ti a maldição; a confusão e a derrota em tudo em que puseres a mão para fazer; até que sejas destruído, e até que repentinamente pereças, por causa da maldade das tuas obras, pelas quais me deixaste.* ²¹ *O Senhor fará*

pegar em ti a pestilência, até que te consuma da terra a que passas a possuir. ²²*O Senhor te ferirá com a tísica e com a febre, e com a inflamação, e com o calor ardente, e com a secura, e com crestamento e com ferrugem; e te perseguirão até que pereças.* ²³*E os teus céus, que estão sobre a cabeça, serão de bronze; e a terra que está debaixo de ti, será de ferro.* ²⁴*O Senhor dará por chuva sobre a tua terra, pó e poeira; dos céus descerá sobre ti, até que pereças.* ²⁵*O Senhor te fará cair diante dos teus inimigos; por um caminho sairás contra eles, e por sete caminhos fugirás de diante deles, e serás espalhado por todos os reinos da terra.* (Deuteronômio 28, 15-25)

Pois é: e as maldições?...

Meus queridos irmãos: fortalecidos pela certeza do poder de Deus e das bênçãos que só Ele é capaz de derramar em nossas vidas – diretamente ou através de seus intercessores –, vamos agora analisar este assunto que tanto preocupa e incomoda, chegando até a tirar o sono de muita gente: as chamadas *maldições*.

Em primeiro lugar, como os dicionários definem esta palavra? Vejamos a definição mais genérica:

> *Maldição* (substantivo feminino): ação ou resultado de amaldiçoar, de usar palavras que expressam o desejo de que algo ruim aconteça a alguém ou a algo.

Alguns acrescentam o aspecto religioso:

sinal da reprovação divina, com os castigos que dela decorrem.

Nosso primeiro dever, como católicos e tementes a Deus, é procurar esclarecer o assunto, enfrentando a verdade sem medo – lembrando sempre que a Verdade liberta (como está em João 8, 33). Portanto, o primeiro passo está em conhecer o que são as maldições e como nós somos capazes de provocá-las.

Atiramos, ou lançamos, palavras de "mau agouro" contra outra pessoa – como soldados atiram pedras, lanças e bombas sobre os inimigos. A questão que mais importa em tudo isso é: até que ponto essas coisas "funcionam"? Em outras palavras: até que ponto uma "praga pega"?

Meus queridos irmãos, os casos de maldição costumam ser associados a todo um folclore cultural ou familiar. Por exemplo: a antipatia habitual entre a mãe e a nora, a esposa e a cunhada, ou entre dois colegas de escola ou de trabalho, com atritos que às vezes envolvem palavras ásperas e perigosas. Certamente há sempre alguma dose de superstição em tudo isso, mas os testemunhos de maldições que causaram danos comprovados em outras pessoas dão conta de uma coisa evidente, que já vimos aqui: o mal existe. Ele é real e concreto.

Antes de mais nada, não há dúvida de que as palavras têm força. Quando certos pais falam palavras pesadas aos filhos, provavelmente não sabem da gravidade dos efeitos que elas poderão desencadear no futuro destes – o que é, no mínimo, uma atitude irresponsável em relação àqueles a quem temos o dever de amar e proteger, de criar e educar.

Quantos de nós, em momentos de raiva ou de mágoa, já não lançamos palavras de maldição e votos malignos e depois esquecemos, quando a raiva passa, acreditando que tudo passou? Mas agora é a hora de refletir e esclarecer melhor essas coisas: será que "tudo passou mesmo" e não deixou nenhuma sequela? Em geral, costuma-se acreditar que, quando lançamos uma praga (outro nome para a maldição), estamos abrindo uma brecha para a ação de algum mal. Será?

De saída, devemos lembrar que a crença popular de que o "mal é o que sai da boca do homem" está realmente apoiada na Bíblia. É só ir lá e conferir:

> O que contamina o homem não é o que entra na boca, mas o que sai da boca; isso é o que contamina o homem (Mateus 15, 11).

Ou então:

> A morte e a vida estão no poder da língua (Provérbios 18, 21).

E também aqui, em palavras parecidas:

> A língua também é um fogo; como mundo de iniquidade, a língua está posta entre os nossos membros, e contamina todo o corpo, e inflama o curso da natureza, e é inflamada pelo inferno (Tiago 3, 6).

Através de advertências como essas, Deus vem nos lembrar que temos uma enorme responsabilidade sobre aquilo que dizemos – seja em voz alta, seja sozinho, no silêncio do nosso coração. E quantas vezes ficamos assustados e com medo quando vemos um desejo malicioso de alguém se manifestar em ação concreta contra outras pessoas! Então a pergunta que nos vem à cabeça é: "Afinal, elas acontecem mesmo?"

Vamos por partes.

As maldições são fruto do mal, e nas páginas anteriores deste pequeno livro nós já vimos: *o mal não é uma abstração*. Por isso, nem precisamos fazer suspense. Devemos dizer sem mais delongas que o mal *designa uma pessoa*, a quem chamamos por vários nomes: Diabo, ou Satanás, ou o Maligno – em resumo, o Anjo Caído que se opôs a Deus. É o que está escrito no *Catecismo da Igreja Católica*, no parágrafo 2851, que em seguida esclarece: "O 'diabo' (*diabolos*) é aquele que 'se atira no meio' do plano de Deus e de sua 'obra de salvação' realizada em Cristo."

Isso já vai delimitar nosso tema, definindo *quem é o responsável pelas maldições* e a quem devemos combater para enfrentar e vencer o mal a que eventualmente estejamos expostos: o Diabo em pessoa.

Afinal, por que as maldições "acontecem" e "funcionam"?

Meus queridos irmãos, quando fazemos esta pergunta – "por que as maldições acontecem?" –, estamos querendo desvendar este mistério que nos angustia: por que o Diabo age com relativo sucesso entre os homens?

Ora, se as maldições (ou pragas) são o *botão* ou o *combustível* que ajudam a desencadear a ação demoníaca no mundo, nossa reflexão passa a ser: por que fazemos e lançamos aos quatro ventos essas invocações de resultados tão negativos?

A resposta é simples, embora nada agradável: porque estamos perdendo a batalha no combate espiritual. E, se é assim, como podemos dizer boas coisas, sendo maus? Afinal, "do que há em abundância no coração, disso fala a boca" (Mateus 12, 34).

Se não conseguimos desconfiar de nós e confiar em Deus; se não tomamos consciência de nossa inclinação para o mal e de que só Deus pode nos proteger de tamanha fraqueza; se não praticamos a oração, as boas ações e a humildade... Tudo isso são sinais de que estamos deixando o coração aberto para o Demônio semear a vaidade, o pecado que ele mais gosta de plantar e colher em nossas almas.

É isso o que está no centro de todo esse processo de "rogar pragas e maldições", quando palavras vaidosas e ressentidas saem de nossa boca, desencadeando ações ruins. O pior em tudo isso, queridos irmãos, é que o mal desencadeado (quer dizer, a ação do Maligno) não atinge apenas aqueles a quem dirigimos nossas palavras. Ele atinge também aqueles que o pronunciam: nós mesmos.

Ao agirmos assim, deixamos a porta entreaberta – e o Demônio acaba entrando, como se tivesse sido "convidado"... Vejam só o que estamos correndo o risco de sofrer nessas situações!

Pois bem: deixando de lado todo esse folclore alimentado pelas superstições e pela literatura barata, que atribui poderes a bruxos, duendes, pais de santo e outras entidades, vamos falar sobre este assunto com a seriedade e a coragem que ele exige de nós.

Em linhas gerais, o Diabo usa cinco formas para atacar o homem. São elas, em ordem crescente de perigo e gravidade: a *tentação*; a *opressão* ou *obsessão*; a *vexação*; a *infestação*; e a *possessão*.

Tentação

A mais simples e mais comum de todas – a *tentação* – acontece quando o Diabo procura "inspirar" nossa alma a *fazer o que não deve ser feito,* ou (ao contrário, para surtir o mesmo efeito ruim) a *não fazer o que é preciso ser feito.* No fim das contas, trata-se de levar o homem a desobedecer a Deus. E isso o Diabo tenta desde o início, como está nas Escrituras:

> [1]Ora, a serpente era mais astuta que todas as alimárias do campo que o Senhor Deus tinha feito. E esta disse à mulher: É assim que Deus disse: Não comereis de toda a árvore do jardim? [2]E disse a mulher à serpente: Do fruto das árvores do jardim comeremos, [3]Mas do fruto da árvore que está no meio do jardim, disse Deus: Não comereis dele, nem nele tocareis para que não morrais. [4]Então a serpente disse à mulher: Certamente não morrereis.

⁵Porque Deus sabe que no dia em que dele comerdes se abrirão os vossos olhos, e sereis como Deus, sabendo o bem e o mal. ⁶E viu a mulher que aquela árvore era boa para se comer, e agradável aos olhos, e árvore desejável para dar entendimento; tomou do seu fruto, e comeu, e deu também a seu marido, e ele comeu com ela (Gênesis 3, 1-6).

Não custa reforçar este ponto: nossa natureza marcada pelo pecado original às vezes tende a nos convidar a fazer o mal – e por isso somos atraídos para ele. Contra as tentações que procuram nos levar ao pecado (que conduz à morte), devemos lutar até o último de nossos dias. Não custa repetir a advertência de São Pedro: o Diabo é como um leão que está sempre rugindo, "procurando a quem devorar" (1 Pedro 5, 8).

O maior perigo das tentações é que nem sempre conseguimos identificá-las como elas são – e o perigo que elas representam – nas curvas sinuosas de nossos pensamentos e palavras, nossos atos e omissões. Na maioria dos casos, as tentações acenam para nós com promessas que até podem parecer simpáticas: "Você pode fazer tudo o que quiser"; ou "Ninguém tem direito de obrigá-lo a fazer nada"; ou então "Você é senhor de si mesmo". Os incautos e os fracos não percebem que, ao aceitarem esta "liberdade" sem freios e sem limites, estão fazendo exatamente aquilo que o Diabo planejou: escancarando as portas do nosso coração para o pecado.

Nessas horas precisamos pedir ao Espírito Santo *o dom do discernimento* (vamos falar sobre isso mais adiante, na Parte 3). Não se iludam, meus queridos irmãos: se a tentação traz sempre a "impressão digital" do Diabo, nem sempre ela se manifesta com aparência horrenda ou cheiro de enxofre: em geral, assume a forma de promessas agradáveis às nossas vaidades mais elevadas... e nossos instintos mais baixos. (Nem precisamos entrar em "detalhes"...)

Não é à toa que a tentação é *a forma de ação em que o Diabo faz mais sucesso*, conquistando mais almas para o pecado. E, como não temos a fortaleza espiritual de um Padre Pio e de tantos outros que se tornaram santos, precisamos estar sempre muito atentos. Orar e vigiar, seguir os mandamentos... Em suma, seguir a lei de Deus.

Opressão

Como um lutador hábil e persistente (mas incapaz de "jogar limpo"), o Diabo está sempre atento para localizar o ponto fraco da nossa alma – a porta entreaberta por onde ele possa entrar. Em geral, costuma ser a vaidade, mas também pode atender pelo nome de ambição, como diz o trecho do Gênesis, já citado há pouco:

> ⁴Então a serpente disse à mulher: Certamente não morrereis. ⁵Porque Deus sabe que no dia em que dele comerdes se abrirão os vossos olhos, e sereis como Deus, sabendo o bem e o mal (Gênesis 3, 4-5).

Poder, ambição, ciúme, apego ao dinheiro ou ao sexo... Cada um de nós tem um ou mais pontos fracos na alma – onde a opressão diabólica encontra uma oportunidade de entrar.

Só que, ao contrário da tentação, ela não tem nada de "agradável". Em geral, quando se manifesta, provoca os piores sintomas de mal-estar. Aliás, o próprio dicionário já sugere, em sua definição:

> *Opressão* (substantivo feminino): estado, condição de quem ou daquilo que se encontra oprimido. Sujeição imposta pela força ou autoridade, jugo.

Na chamada *opressão diabólica* não é diferente. Ao ser "oprimida", a alma tem uma sensação desagradável de falta de ar, sufocamento, com uma diminuição acentuada do vigor e da energia – em suma, um abatimento profundo.

Em geral, a opressão é fruto da presença de demônios em determinados ambientes, exercendo influência direta sobre as pessoas. As forças do mal – quer dizer, o Diabo em pessoa – invadem o local e o tornam pesado e carregado. Os demônios assediam as pessoas que moram ou frequentam aquele lugar, exercendo pressão sobre elas, muitas vezes levando-as à exaustão e à depressão. O Novo Testamento traz referência a esse fenômeno:

> Como Deus ungiu a Jesus de Nazaré com o Espírito Santo e com virtude; o qual andou fazendo bem, e curando a todos os oprimidos do diabo, porque Deus era com ele (Atos 10, 38).

É claro que o bom senso recomenda que se leve também as possíveis vítimas da opressão a um médico especialista para confirmar que não se trata de mal-estar físico ou psicológico. Todo cuidado e atenção são importantes na hora de analisar o caso. Afinal, com o Diabo não se brinca!

Vexação

Em geral, dá-se o nome de *vexação diabólica* aos distúrbios externos. As vexações representam os casos mais numerosos: as pessoas atacadas veem coisas sobrenaturais (animais horrendos, parentes que já morreram), ouvem vozes e ruídos, sentem no corpo desde pequenos toques "invisíveis" até pancadas misteriosas e dores muito intensas. Há também casos de agressão verdadeira e efetiva, de ataques físicos ou psíquicos a uma pessoa: queimaduras, arranhaduras, contusões e até fraturas de ossos.

Mas muita gente inclui entre as vexações uma série de distúrbios de saúde de certa magnitude que surgem de forma misteriosa e em sequência interminável: quando se sente curada de uma doença, a vítima é acometida de outra, sempre sem causas plausíveis. Na Segunda Carta aos Coríntios, São Paulo menciona algo parecido:

> ⁷E, para que não me exaltasse pela excelência das revelações, foi-me dado um espinho na carne, a saber, um mensageiro de Satanás para me esbofetear, a fim de não me exaltar (2 Coríntios 12, 7).

Na mesma linha de santidade e perfeição espiritual, devemos lembrar aqui os casos de Santo Antão, São Pio de Pietrelcina e Santa Teresa d'Ávila, mencionados na

Parte 1 deste nosso pequeno livro e que padeceram constantes vexações. Aliás, parece ser a forma preferida do Diabo para atingir as pessoas mais elevadas espiritualmente: *maltratar o corpo daqueles que não abrem a guarda de suas almas.*

Mas é bom lembrar também: segundo os exorcistas (entre eles, o italiano Gabriele Amorth, autoridade no assunto e fonte altamente confiável), às vezes as *vexações* são provocadas por *imprudências pessoais*: desde a práticas de bruxarias e ocultismo até a reincidência em pecados graves. Mas há também os casos em que a pessoa atingida é a vítima de alguma "bruxaria" – quer dizer, uma intercessão do Diabo.

A vexação existe realmente, basta ler a vida dos santos, e veremos quando ela é realidade.

INFESTAÇÃO

A infestação ocorre quando o Diabo tenta incomodar não as pessoas, mas seus objetos e os lugares onde elas vivem ou circulam – casas, sítios, fazendas – através de ruídos estranhos, cheiros insuportáveis, luzes ofuscantes. Diferentemente da *vexação*, aqui não se trata de impressões ou sensações, mas de fenômenos concretos e reais.

A infestação nunca chega a atingir as próprias pessoas, mas em alguns casos raríssimos envolvem também animais domésticos. Na maioria das ocasiões, ela acontece em decorrência da prática de algum tipo de ritual satânico ou de prática de ocultismo ou evocação de mortos naquele local.

Sem dúvida, precisamos ser prudentes e cautelosos na análise desses fenômenos, mas *nunca devemos afastar a possibilidade de que eles sejam verdadeiros*. Evoca-se o Diabo... e querem o quê?!

Possessão

Finalmente, a *possessão*: trata-se do caso mais conhecido – e sem dúvida o mais terrível – de ataque diabólico sobre as pessoas. Numa definição genérica, o Diabo se apossa de alguém e tenta obrigá-lo a fazer e dizer o que ele quiser. Mas vale ressaltar que é uma ação limitada, porque o Maligno se apossa do corpo, da psique e do intelecto – *mas nunca da alma do "possuído"*. Ele não tem tamanho poder...

Mais uma vez, evoco a figura do grande padre exorcista Gabriele Amorth, que, no livro *O exorcista explica o mal e suas armadilhas*, descreve assim a possessão:

Quando se manifesta a possessão, o possesso entra em transe e perde a consciência, cedendo lugar à ação do espírito do mal, que faz uso do corpo dessa pessoa para falar, mover-se, blasfemar, vomitar imprecações, pregos, vidros ou outros objetos, vez por outra também para manifestar uma força hercúlea. A este propósito, o Pe. Candido relatou-me o caso de uma moça muito magra e de aparência franzina, endemoninhada, e que, durante os exorcismos, conseguiu resistir à ação de quatro homens muito fortes que a amarraram com cintos de couro. Mesmo amarrada, conseguiu rasgar os cintos, dando muito trabalho até o término do ritual. Também a mim coube presenciar, há dez anos, o caso de uma mocinha muito frágil (não devia ter mais de 13 anos) que estava acompanhada da mãe e de uma amiga desta. Durante as sessões de exorcismo, o demônio dera-lhe uma força inacreditável. Empenhamo-nos todos, e necessário se fez recorrer aos meus sete "anjos da guarda", que estavam presentes na sessão de exorcismo, para procurar contê-la.

Amorth continua, na mesma obra:

Durante a crise, a manifestação dos fenômenos anormais opera-se de forma intermitente. A pessoa perde a consciência de forma imprevista. Há momentos do dia em que parece inteiramente normal. É muito difícil que a possessão se manifeste sem interrupção. O mais comum é que as crises sejam provocadas por motivos extrínsecos, por exemplo, durante um contexto de "estresse espiritual", como é o caso específico do exorcismo, da Missa, de uma bênção, da oração, ou simplesmente pelo fato de entrar num lugar sagrado. Em outras ocasiões, desencadeia-se sem nenhuma causa aparente. O demônio age quando, como e onde quer: durante o dia, à noite, ou até num logradouro público, quando a pessoa se acha na presença de amigos, para que todos possam ver. Nesses casos, opera a vontade demoníaca de agir, em razão da força espiritual de sua natureza angélica. Na prática, nenhuma dessas situações pode ser imputada ao possesso, isto é, à vítima da possessão.

Segundo o padre exorcista italiano, ninguém pode se julgar livre de ser vítima de uma possessão: homens e mulheres, jovens e velhos, homens de fé e ateus, cristãos e membros de outras religiões – e até mesmo os religiosos.

Mas é bom lembrar que o Demônio não tem tanto poder assim. Misteriosamente, é Deus quem permite que ele se manifeste. A princípio, essa "autorização divina" pode escandalizar e perturbar os fiéis. Por que Deus daria tamanho poder ao Demônio, autorizando-o a machucar um filho seu?

Aqui cabe mencionar de novo o episódio do cego de nascença (João 9, 1-6), em que os discípulos perguntam a Jesus: "Quem pecou, ele ou seus pais, para que nascesse cego?" E a resposta do Mestre é esclarecedora e ilustrativa para todos nós: "Nem ele nem seus pais; mas foi assim para que as obras de Deus se manifestem nele."

Essa é a realidade, meus queridos irmãos.

Sobre os "salmos de maldição": Eles existem. E podemos rezá-los!

Meus queridos irmãos: para vocês terem ideia do poder da palavra, na intercessão pelo bem ou na evocação de algum mal, a Santa Madre Igreja sempre procurou estar atenta para que nem mesmo os textos sagrados incorram no risco de serem mal utilizados.

Não estou exagerando. Nem o livro dos Salmos na Bíblia escapou a este zelo: quando promulgou a nova edição das instruções para a *Liturgia das horas*, o papa Paulo VI excluiu alguns Salmos, que são os chamados "salmos de maldição" – aqueles que, como o próprio nome diz, expressam o desejo de que recaiam males sobre alguém. Mais especificamente, os Salmos 57, 82 e 108.

Confiram o Salmo 57, por exemplo:

²Será que realmente fazeis justiça, ó poderosos do mundo? Será que julgais pelo direito, ó filhos dos homens? ³Não, pois em vossos corações cometeis iniquidades, e vossas mãos distribuem injustiças sobre a terra. ⁴Desde o seio materno os ímpios se extraviaram, desde o seu nascimento se desgarraram os mentirosos. ⁵Semelhante ao das serpentes é o seu veneno, ao veneno da víbora surda que fecha os ouvidos ⁶para não ouvir a voz dos fascinadores, do mágico que enfeitiça habilmente. ⁷Ó Deus, quebrai-lhes os dentes na própria boca; parti as presas dos leões, ó Senhor. ⁸Que eles se dissipem como as águas que correm, e fiquem suas flechas despontadas. ⁹Passem como o caracol que deslizando se consome, sejam como o feto abortivo que não verá o sol. ¹⁰Antes que os espinhos cheguem a aquecer vossas panelas, que o turbilhão os arrebate enquanto estão ainda verdes. ¹¹O justo terá a alegria de ver o castigo dos ímpios, e lavará os pés no sangue deles. ¹²E os homens dirão: Sim, há recompensa para o justo; sim, há um Deus para julgar a terra.

Houve ainda outros pequenos cortes, como está registrado no parágrafo 131 da citada Instrução Geral:

Os três salmos 57, 82 e 108, em que predomina o caráter imprecatório, foram suprimidos do ciclo do Saltério [nome dado ao conjunto dos 150 salmos do Velho Testamento]. Foram igualmente suprimidos certos versículos de alguns outros salmos, como se indica no princípio do salmo respectivo. A omissão destes textos foi motivada por uma certa dificuldade de ordem psicológica, muito embora os próprios salmos imprecatórios figurem na piedade do Novo Testamento.

A decisão abriu uma polêmica: diante desse "conteúdo", é válido ao católico rezar esses Salmos? A "dificuldade psicológica" mencionada pelo papa Paulo VI traduz apenas o desafio de *combinar esses textos à fé cristã*. Mas o mesmo documento do pontífice trata de não deixar o fiel na dúvida – que é, afinal, uma das artimanhas do Maligno contra nós. No parágrafo 109 ele adverte que aquele que reza os salmos em nome da Igreja

> deverá captar o sentido pleno dos salmos, particularmente o sentido messiânico, pois foi este o que levou a Igreja a adotar o Saltério. Este sentido messiânico aparece-nos em toda a sua clareza no Novo Testamento, e o próprio Cristo Senhor o apontou expressamente aos apóstolos.

Paulo VI está se referindo a este trecho do Evangelho de São Lucas:

> E disse-lhes: São estas as palavras que vos disse estando ainda convosco: Que convinha que se cumprisse tudo o que de mim estava escrito na lei de Moisés, e nos profetas e nos Salmos (Lucas, 24, 44).

Tudo isso quer dizer simplesmente: o fiel precisa aprender a ler os Salmos da maneira correta – ou seja, a *partir de Cristo*, segundo a Nova Lei trazida pelo Filho de Deus, que não recusa, mas renova e atualiza o Antigo Testamento. É por isso que na *Liturgia das horas* todos os Salmos são antecedidos de um versículo do Novo Testamento: para que o católico se lembre sempre de que aquele texto, do Antigo Testamento, deve ser lido sob a ótica do Novo. Por exemplo: o Salmo 117 – aquele que começa com

> Aleluia. Louvai ao Senhor, porque ele é bom; porque eterna é a sua misericórdia.

– é antecedido por um versículo de Atos dos Apóstolos:

> Esse Jesus, pedra que foi desprezada por vós, edificadores, tornou-se a pedra angular (Atos 4, 11).

Para orientar na leitura de passagens obscuras da Bíblia, como esses salmos, e da relação entre o Antigo e o Novo Testamento, o papa emérito Bento XVI ensina, na sua Verbum Domini: "(...) Deve-se ter presente antes de mais nada que a revelação bíblica está profundamente radicada na história. Nela se vai progressivamente manifestando o desígnio de Deus, atuando-se lentamente ao longo de etapas sucessivas, não obstante a resistência dos homens."

A Boa-nova trazida por Jesus Cristo – Verbo que se fez carne e habitou entre nós – atualiza o Antigo Testamento para nós. Por isso, os católicos podem (e devem) ler, sem medo, os salmos 57, 82 e 108! Mas não como maldição, e sim aplicando-os ao Inimigo de Deus, quer dizer, àquele que já está condenado: o Demônio!

Este é um esclarecimento importante. Antes de mais nada porque eles foram excluídos da *Liturgia das horas*, mas continuam na Bíblia que nós, católicos, devemos ter e ler para rezar corretamente. Mas também porque é fundamental conhecer a Verdade, porque só ela liberta. Lembrem-se:

> Que o teu sim seja sim, e o teu não seja não. O resto é conversa do Maligno (Mateus 5, 37).

Sob esse novo ponto de vista, esses Salmos deixam de causar medo aos católicos, como "salmos de maldição", e passam a representar mais uma arma no combate entre o Maligno e os homens, na luta permanente contra o pecado.

TOBIAS E SARA: UM EXEMPLO DE LUTA CONTRA A MALDIÇÃO

Deus gosta de nos ver lutar. E cada um de nós é chamado a participar desse combate espiritual contra as forças demoníacas. É por isso que Ele permite que os males aconteçam: para tirarmos deles um bem maior. Dos sofrimentos de alguns de seus filhos, ele pretende colher frutos espirituais para a salvação dos demais.

Cabe a nós fazermos a nossa parte nesses desígnios de Deus: devemos permanecer sempre na graça, investindo no aperfeiçoamento espiritual e no caminho da santidade. Conheço muitas histórias que falam sobre os benefícios desse empenho. Mas escolhi para contar aqui a bela história de Tobias e Sara. Ela é exemplar!

A saga de Tobias está contada no livro do Antigo Testamento que leva seu nome e que foi escrito por volta de 200 a.C. Aliás, é um livro rico em relatos de amor e fidelidade a Deus e ao próximo, ao narrar a história não apenas de Tobias, mas também de seu pai, Tobit, que é casado com Ana – uma história marcada por muitas provações, mas também por uma grande fidelidade a Deus.

> ¹Tobit, da tribo e da cidade de Neftali (situada na Galileia superior, acima de Naasson, atrás do caminho do ocidente, tendo à esquerda a cidade de Sefet), ²foi levado para o cativeiro no tempo de Salmanasar, rei dos assírios. Embora cativo, ele não abandonou o caminho da verdade. ³Tudo aquilo, de que podia dispor, distribuía cada dia a seus irmãos de raça, que partilhavam com ele sua sorte de cativo" (Tobias 1, 1-3).

Mas o livro conta também a história de Sara, e é por ela que eu quero começar nossa reflexão:

> ⁷Aconteceu que, precisamente *naquele dia*, Sara, filha de Raguel, em Ecbátana, na Média, teve também de suportar os ultrajes de uma serva de seu pai. ⁸Ela tinha sido dada sucessivamente a sete maridos. Mas logo que eles se aproximavam dela, um demônio chamado Asmodeu os matava. ⁹Tendo Sara repreendido a jovem criada por alguma falta, esta

respondeu-lhe: Não vejamos jamais filho nem filha nascidos de ti sobre a terra! Foste tu que assassinaste os teus maridos (Tobias 3, 7-9).

O trecho se refere ao fato de que aquele era *o mesmo dia* em que Tobit – que estava doente, com escamas sobre os olhos que o impediam de enxergar, chegando a achar que iria morrer – chamou seu filho e lhe deu uma série de sábios conselhos. Em seguida, Tobit pôs-se a rezar:

> ¹Tobit, então, suspirando em meio de suas lágrimas, pôs-se a orar: ²Vós sois justo, Senhor! Vossos juízos são cheios de equidade, e vossa conduta é toda misericórdia, verdade e justiça. ³Lembrai-vos, pois, de mim, Senhor! Não me castigueis por meus pecados e não guardeis a memória de minhas ofensas, nem das de meus antepassados. ⁴Se fomos entregues à pilhagem, ao cativeiro e à morte, e se nos temos tornado objeto de mofa e de riso para os pagãos entre os quais nos dispersastes, é porque não obedecemos às vossas leis. ⁵Agora os vossos castigos são grandes, porque não procedemos segundo os vossos preceitos e não temos sido leais para convosco. ⁶Tratai-me, pois, ó Senhor, como vos aprouver; mas recebei a minha alma em paz, porque me é melhor morrer que viver (Tobias 3, 1-6).

Tobias era um homem fiel e obediente: vendo a aflição do pai, prometeu que iria fazer tudo o que fosse possível para ajudá-lo, sem deixar de permanecer fiel aos conselhos paternos. Logo em seguida, partiu numa viagem em busca de remédios para Tobit – sem saber que estava sendo acompanhado por ninguém menos do que o Arcanjo Rafael (que é o anjo da cura).

Durante a viagem, o anjo providenciou comida e remédios para curar o pai de Tobias e o aconselhou a pedir a mão de sua prima Sara em casamento. Mas Tobias conhecia o "problema" de Sara (sua *maldição*) e ficou com medo. Perguntou então se não estaria correndo perigo ao se casar com uma mulher dominada pelo Demônio. Eis o que o anjo respondeu a Tobias:

> Ouve-me, e eu te mostrarei sobre quem o demônio tem poder: são os que se casam, banindo Deus de seu coração e de seu pensamento, e se entregam à paixão como o cavalo e o burro, que não têm entendimento: sobre estes o demônio tem poder (Tobias 6, 16-17).

(Vejam que mensagem bonita, meus queridos irmãos! E como ela é atual, nestes tempos em que a castidade deixou de ser um valor cristão! Isso ajuda a entender por que tantos casais sofrem, brigam e até se separam: simplesmente porque expulsaram o Senhor de seus corações e de suas vidas...)

Sara estava muito deprimida com sua condição de "amaldiçoada" pelas pragas, humilhações e zombarias da empregada que ela tinha repreendido. Mas vejam como Deus já estava agindo: naquele mesmo dia de que o livro fala, Sara subiu para seu quarto e ficou três dias sem comer, orando com fervor, chorando e suplicando a Deus que a livrasse desse mal. E, no final do terceiro dia de jejum, fez uma linda oração, uma oração que é um verdadeiro diálogo com Deus, uma oração profunda e confiante:

> [11]Naquele momento, ela ergueu as mãos para o lado da janela e pronunciou esta oração: "Tu és bendito, Senhor Deus misericordioso, e é bendito o teu Nome, santo e digno de honra pelos séculos. Bendigam-te todas as tuas obras para sempre. [12]Agora, Senhor, é para ti que levanto meu rosto e meus olhos. [13]Manda que eu seja libertada da face da terra para que não ouça mais esses insultos. [14]Sabes, Senhor, que estou pura de qualquer impureza com homem algum [15]e que não maculei o meu nome nem o nome de meu pai na terra onde me encontro deportada. Sou filha única de meu pai, o qual não tem outro filho para ser seu herdeiro; nem tem irmão ou

parente próximo, para o qual eu deva reservar-me como esposa. Já perdi sete maridos. Para quê, então, continuar a viver? E, se não te parece bem, Senhor, tirar-me a vida, manda que se tenha consideração e compaixão comigo, e que eu não ouça mais esses insultos (Tobias 3, 11-15).

Eis o mais maravilhoso em toda esta história: as orações de Tobit e de Sara foram pronunciadas (e ouvidas por Deus) na mesma hora! Deus não apenas ouviu, mas sobretudo atendeu:

> [16]Na mesma hora foi ouvida a oração de ambos, na presença da glória de Deus. [17]E o anjo Rafael foi enviado para curar os dois: a Tobit, para tirar as escamas das manchas brancas de seus olhos, a fim de que pudesse enxergar com seus olhos a luz de Deus; e a Sara, filha de Raguel, para dá-la como esposa a Tobias, filho de Tobit, e prender Asmodeu, o demônio malvado. De fato, é a Tobias que cabia receber Sara, em lugar de todos os que haviam querido possuí-la. Naquela hora, Tobit voltou do pátio para dentro de sua casa, enquanto Sara, filha de Raguel, descia também ela do aposento superior (Tobias 3, 16-17).

Sara e Tobias viveram uma linda história de amor, através de um relacionamento que – pela força da oração – culminou num casamento feliz, desfazendo a maldição lançada sobre a moça. Tudo porque Tobias foi fiel e confiou.

Eis o que se passou: o Arcanjo Rafael tinha aconselhado Tobias a não ser precipitado, porque o amor matrimonial exige rituais – e a relação sexual abençoada não deve atender aos ímpetos das paixões nem à rotina da simples obrigação. Ao contrário: deve ser vivida como um dom de Deus.

E vejam, meus queridos irmãos: tudo acabou acontecendo como o Arcanjo Rafael tinha falado. Tobias conheceu sua prima Sara e a pediu em casamento. A princípio, Raguel reagiu, temendo pela vida de Tobias – mas Rafael mais uma vez intercedeu, convencendo o sogro de que *Sara deveria ser de Tobias*. E, mesmo contra os temores iniciais de Sara, o próprio Raguel acabou presidindo a celebração religiosa:

> [17]E celebraram alegremente uma festa, agradecendo a Deus. [18]Raguel chamou então sua mulher e mandou-lhe que preparasse outro aposento. [19]Ela introduziu ali Sara, sua filha, e esta se pôs a chorar. [20]Mas ela disse-lhe: O Senhor do Céu te encha de alegria pelos males que tens sofrido" (Tobias 7, 17-20).

Tobias foi fiel, obedecendo a tudo o que o anjo lhe ensinou. Ele e Sara passaram os três primeiros dias de casados em orações e entrega a Deus – e só depois veio a consumação da união pelo ato sexual. A narrativa bíblica é comovente:

> ¹Depois do jantar, introduziram o jovem no aposento de Sara. ²E Tobias, fiel às indicações do anjo, tirou do seu alforje uma parte do fígado e o pôs sobre brasas acesas. ³Nesse momento, o anjo Rafael tomou o demônio e prendeu-o no deserto do Alto Egito. ⁴Então Tobias encorajou a jovem com estas palavras: Levanta-te, Sara, e roguemos a Deus, hoje, amanhã e depois de amanhã. Estaremos unidos a Deus durante essas três noites. Depois da terceira noite consumaremos nossa união; ⁵porque somos filhos dos santos (patriarcas), e não nos devemos casar como os pagãos que não conhecem a Deus. ⁶Levantaram-se, pois, ambos, e oraram juntos fervorosamente para que lhes fosse conservada a vida. ⁷Tobias disse: Senhor Deus de nossos pais, bendigam-vos os céus, a terra, o mar, as fontes e os rios, com todas as criaturas que neles existem. ⁸Vós fizestes Adão do limo da terra, e destes-lhe Eva por companheira. ⁹Ora, vós sabeis, ó Senhor, que não é para satisfazer a minha paixão que rece-

bo a minha prima como esposa, mas unicamente com o desejo de suscitar uma posteridade, pela qual o vosso nome seja eternamente bendito. [10]E Sara acrescentou: Tende piedade de nós, Senhor; tende piedade de nós, e fazei que cheguemos juntos a uma ditosa velhice! (Tobias 8, 1-10).

A narrativa bíblica prossegue contando que, na manhã seguinte ("ao cantar do galo"), Raguel reuniu alguns criados e foram resignadamente cavar uma sepultura, imaginando que Tobias tinha sido vítima da antiga maldição. Mas, quando o grupo voltou para casa, receberam a boa-nova: uma escrava tinha entrado nos aposentos e encontrado Sara e Tobias bem vivos. Raguel e sua mulher então louvaram o Senhor:

> [17]Nós vos bendizemos, Senhor Deus de Israel, porque não se realizou o que temíamos. [18]Usastes conosco de vossa misericórdia, expulsando para longe de nós o inimigo que nos perseguia, [19]e tivestes piedade de dois filhos únicos. Fazei, ó Senhor, que eles vos bendigam sempre mais, e vos ofereçam um sacrifício de louvor pela sua conservação, a fim de que todas as nações pagãs conheçam que vós sois o único Deus de toda a terra. [20]Raguel ordenou imediatamente aos seus criados que enchessem de novo,

antes que clareasse o dia, a cova que haviam feito. ²¹Disse à sua mulher que aprontasse um banquete e preparasse todos os víveres necessários aos viajantes. ²²Mandou também matar duas vacas gordas e quatro carneiros, destinados a um festim para todos os seus vizinhos e amigos (Tobias 8, 17-22).

Meus queridos irmãos: acho esta história particularmente exemplar. Ela mostra como a fidelidade a Deus e a força da oração são capazes de quebrar as mais terríveis maldições. Antes do final feliz e misericordioso, foi preciso que Tobit, Sara e Tobias confiassem em Deus – mesmo diante de tempos difíceis.

Não conheço maneira melhor para encerrar esta parte sobre as maldições: louvando e demonstrando confiança na misericórdia divina.

Parte 3

Uma pausa para reflexão... Antes de prosseguir: devemos temer ou não as maldições? Eis a questão

¹ *Então foi conduzido Jesus pelo Espírito ao deserto, para ser tentado pelo diabo.* ² *E, tendo jejuado quarenta dias e quarenta noites, depois teve fome;* ³ *E, chegando-se a ele o tentador, disse: Se tu és o Filho de Deus, manda que estas pedras se tornem em pães.* ⁴ *Ele, porém, respondendo, disse: Está escrito: Nem só de pão viverá o homem, mas de toda a palavra que sai da boca de Deus.* ⁵ *Então o diabo o transportou à cidade santa, e colocou-o sobre o pináculo do templo,* ⁶ *E disse-lhe: Se tu és o Filho de Deus, lança-te de aqui abaixo; porque está escrito: Que aos seus anjos dará ordens a teu respeito, e tomar-te-ão nas mãos, Para que nunca tropeces com o teu pé em alguma pedra.* ⁷ *Disse-lhe Jesus: Também está escrito: Não ten-*

tarás o Senhor teu Deus. ⁸*Novamente o transportou o diabo a um monte muito alto; e mostrou-lhe todos os reinos do mundo, e a glória deles.* ⁹*E disse-lhe: Tudo isto te darei se, prostrado, me adorares.* ¹⁰*Então disse-lhe Jesus: Vai-te, Satanás, porque está escrito: Ao Senhor teu Deus adorarás, e só a ele servirás.*
(Mateus 4, 1-10)

AFINAL: O DIABO TEM MESMO PODER?

Meus queridos irmãos: se queremos chegar à Verdade – aquela que nos liberta –, precisamos encontrar respostas para as nossas dúvidas. E, para isso, precisamos fazer as perguntas certas.

Em vez de querer saber — "Até que ponto devemos temer ou não as maldições?" —, melhor fazermos a pergunta que realmente interessa: "Qual o alcance do poder do Maligno?"

Para o católico, acreditar na existência do Diabo é um dogma essencial da fé. Sem isso, não seria possível compreender plenamente a natureza da libertação realizada por Cristo, com sua Paixão e Morte na Cruz. Tampouco compreenderíamos sua Ressurreição.

Mas algumas pessoas ficam meio confusas, tentando encaixar a existência do Maligno dentro da ideia maior de que "Deus é infinitamente bom e todas as suas obras são boas", como bem nos lembra o próprio *Catecismo* no parágrafo 385. Afinal, se Deus é bom, por que nos deixaria expostos ao mal e ao sofrimento?

"O Diabo é uma força atuante, um ser espiritual vivo, perverso e pervertedor; uma realidade misteriosa e amedrontadora", disse o papa Paulo VI, num artigo para o jornal *L'Osservatore Romano* (24/11/1972). Então, sendo um espírito puro, *as armas do Demônio são espirituais*, provocando a alma das pessoas. Está no *Catecismo*, em seu parágrafo 395:

> Embora Satanás atue no mundo por ódio contra Deus e seu Reino em Jesus Cristo, e embora sua ação cause graves danos – de natureza espiritual e, indiretamente, até de natureza física – para cada homem e para a sociedade, esta ação é permitida pela Divina Providência, que com vigor e doçura dirige a história do homem e do mundo.

Por que o mal existe? Já respondi a esta pergunta algumas páginas atrás: para que possamos aprender a tirar do sofrimento um bem maior, fortalecendo e santificando assim a nossa alma. Vocês podem pensar: "Ah, o padre

Anderson está se repetindo!" Mas nunca será demais ressaltar este ponto, até dissipar estas dúvidas que o próprio Demônio semeia em nossos corações – porque a dúvida espiritual é uma de suas armadilhas.

Como lembra o parágrafo 2850 do *Catecismo*:

> O último pedido ao nosso Pai aparece também na oração de Jesus: "Não te peço que os tires do mundo, mas que os guardes do Maligno" (João 17, 15). Diz respeito a cada um de nós pessoalmente, mas somos sempre "nós" que rezamos em comunhão com toda a Igreja e pela libertação de toda a família humana. A Oração do Senhor não cessa de abrir-nos para as dimensões da economia da salvação. Nossa interdependência no drama do pecado e da morte se transforma em solidariedade no Corpo de Cristo, na "comunhão dos santos".

Mas é o próprio *Catecismo* que nos tranquiliza, dizendo que o Demônio "não é capaz de impedir a edificação do Reino de Deus", porque Deus é muito mais poderoso do que ele. A nós, cabe nos prevenirmos e vencermos suas investidas contra a nossa alma.

A história de Tobias que acabamos de ler no capítulo anterior é um belo exemplo de como a fé e a confiança em Deus vencem as maldições. Vejam, por exemplo, Tobit, o pai de Tobias. Era um homem fiel e piedoso, que "andava nos caminhos da verdade e praticava boas obras todos os dias" (Tobias 1, 3): dava de comer aos famintos, vestia os nus e sepultava os mortos em tempo de perseguições. Em resumo, era um modelo de pessoa justa e generosa. E também oferecia em Jerusalém o "dízimo do trigo, do vinho, do óleo, das romãs e das outras frutas" (Tobias 1, 7), mostrando-se ao mesmo tempo comprometido com a lei e a caridade em seu tempo. Mas Tobit já sinalizava para a nova Lei em Jesus Cristo, que "é uma lei de amor, uma lei de graça, uma lei de liberdade" (*Catecismo da Igreja Católica*, 1985).

Se Deus é por nós, quem será contra nós? A vitória sobre o "príncipe deste mundo" foi alcançada, de uma vez por todas, no momento em que Jesus se entregou livremente à morte na Cruz, para nos dar a própria vida.

O Demônio: um "anjo destronado"

As Escrituras e a tradição da Igreja sempre nos lembram que o Diabo foi originalmente um anjo de boa natureza como os demais, mas que por sua própria vontade desobedeceu a Deus e acabou expulso. É por isso que costuma ser chamado de anjo destronado... Desde então, vem se empenhando em plantar a semente da desobediência nos corações humanos. A começar por nossos primeiros pais, Adão e Eva. Mas o fato é que, pela sua própria natureza caída e pela bondade e pelo poder infinitos de Deus, seus poderes sobre nós são limitados.

Às vezes, a desinformação e o medo costumam atribuir ao Maligno poderes que ele não tem e acabam colocando na conta das maldições uma série de males que pertencem ao campo da medicina ou da psicologia. Por isso, a primeira coisa que devemos fazer é verificar a veracidade e a origem de qualquer distúrbio que possa se parecer com uma das ações do Diabo de que falamos na Parte 2: tentação, opressão, vexação, infestação e possessão.

Afinal, algumas pessoas são muito impressionáveis, e às vezes chegam até a "sentir" os sintomas e efeitos colaterais que acabaram de ler numa bula de remédio. Quem não conhece pessoas assim?... Imaginem, então, quando se trata do risco de estar exposto a algum tipo de maldição!

Só depois de verificar a presença de uma ação efetiva do Maligno é que devemos enfrentá-lo, mas sempre trazendo no coração esta dupla certeza:

- Vamos sair vitoriosos.

- O poder do Diabo é limitado.

Definitivamente, o *Diabo não é páreo para Deus*. Por isso, ele não pode fazer uma série de coisas. Vejam aqui:

- O Diabo *não pode* gerar outra criatura ou criar a vida.

- Enquanto Deus é onipresente, e está em toda parte ao mesmo tempo, o Diabo é **limitado** no tempo e no espaço.

- Deus é também onipotente, capaz de fazer tudo o que desejar. Já o Diabo, em compensação, **não é** todo-poderoso: ele só conseguirá agir de acordo com as regras estabelecidas por Alguém que tem todas as coisas sob seu controle (adivinhem Quem, meus queridos irmãos?). Por isso São Paulo aconselhava: "...e não deis lugar ao Diabo" (Efésios 4, 27). Ou seja: não permitam ao Maligno nenhum espaço em suas vidas.

- O Diabo *não pode* invadir o corpo e o sangue de Jesus Cristo, que já o derrotou definitivamente. Por isso a importância de estar sempre em dia com os sacramentos (como veremos a seguir).

- O Diabo *não pode* ler a nossa mente. Como é astuto, conhece nossas fraquezas e o máximo que ele consegue é perceber e deduzir nossa inclinação para o pecado, a partir de sinais internos.

- O Diabo *não pode* se apossar de nossa alma: ele consegue, no máximo, "entrar" em nossa mente, produzir efeitos sobre o nosso corpo.

- O Diabo *não pode* impedir a realização de uma graça concedida por Deus a cada um de nós – se não por merecimento, por misericórdia divina.

🌀 O Diabo, enfim, *não pode* impedir que se cumpram na terra os propósitos supremos de Deus. Um dos propósitos supremos de Deus é que a Igreja prevaleça e seja triunfante.

Lembrem-se de que a Bíblia condena – *sem meio-termo* – qualquer prática ligada ao Maligno, como: os encantamentos, as adivinhações, a bruxaria e os sortilégios, entre uma série de outras. Para quem quiser conferir, deixo aqui uma série de sugestões de leitura:

🌀 Êxodo 7, 11.

🌀 Levítico 19, 31.

🌀 1 Samuel 28.

🌀 2 Crônicas 33, 6.

🌀 Salmos 58, 6.

🌀 Isaías 8, 19.

🌀 Jeremias 27, 9.

🌀 Ezequiel 13, 17-23.

🌀 Gálatas 5, 20.

Portanto, contra qualquer ação possível do Diabo, nossas únicas armas eficazes e os únicos remédios efetivos serão sempre aqueles que ajudem a fortalecer nosso espírito e santificar nossa alma, para que possamos permanecer na graça. E esse arsenal é bem grande.

É o que vamos ver a seguir.

PARTE 4

Transformando maldição em bênção

¹*E mostrou-me o rio puro da água da vida, claro como cristal, que procedia do trono de Deus e do Cordeiro.* ²*No meio da sua praça e de uma e da outra banda do rio, estava a árvore da vida, que produz doze frutos, dando seu fruto de mês em mês, e as folhas da árvore são para a saúde das nações.* ³*E ali nunca mais haverá maldição contra alguém; e nela estará o trono de Deus e do Cordeiro, e os seus servos o servirão.*
(Apocalipse 22, 1-3)

O seu nome permanecerá eternamente; o seu nome se irá propagando de pais a filhos, enquanto o sol durar; e os homens serão abençoados n'Ele; todas as nações lhe chamarão bem-aventurado.

(Salmos 72, 17)

Nossas "armas e armaduras" contra os ataques do Maligno

O papa Paulo VI costumava lembrar que o maior trunfo do Diabo era justamente ter convencido o homem contemporâneo de que ele não existe... O Diabo fica contente quando não cremos nele ou achamos que é apenas uma "lembrança medieval". Dessa maneira, pode atuar com mais "tranquilidade" contra nós. Já pensaram nisso?

Infelizmente, esta é a verdade, meus queridos irmãos: se não ficarmos sempre vigilantes e atentos, o Maligno acaba se fazendo presente onde menos se espera. Até mesmo em atitudes nossas que, à primeira vista, podem parecer bem-intencionadas – como este hábito perigoso de muitos católicos no Brasil, que vão à igreja e rezam de vez em quando, mas também gostam de apelar para superstições nas horas de aperto.

Só que o *Catecismo da Igreja Católica* é muito claro neste ponto, e diz sem meias palavras, no parágrafo 2116:

> Todas as formas de adivinhação devem ser rejeitadas: recurso a Satanás ou aos demônios, evocação dos mortos ou outras práticas supostamente "reveladoras" do futuro. A consulta dos horóscopos, a astrologia, a quiromancia, a interpretação de presságios e de sortes, os fenômenos de vidência, o recurso aos "médiuns", tudo isso encerra uma vontade de dominar o tempo, a história e, finalmente, os homens, ao mesmo tempo que é um desejo de conluio com os poderes ocultos. Todas essas práticas estão em contradição com a honra e o respeito, penetrados de temor amoroso, que devemos a Deus e só a Ele.

Aliás, sobre estas coisas, as Escrituras já vêm chamando a atenção desde sempre. Eis aqui só dois exemplos:

> [9]Não escuteis, portanto, vossos profetas e adivinhos, nem vossos vaticinadores, astrólogos e feiticeiros que vos disseram que não sereis sujeitos ao rei de Babilônia. [10]Porque são mentiras que vos profetizam a fim de que sejais banidos de vossa terra, dispersados por mim e levados a perecer (Jeremias 27, 9-10).

³¹Não vos dirijais aos espíritas nem aos adivinhos: não os consulteis, para que não sejais contaminados por eles. Eu sou o Senhor, vosso Deus (Levítico 19, 31).

Não é apelando para o próprio Maligno... que vamos conseguir nos livrar dele! O que precisamos, antes de mais nada, é acreditar que só Deus tudo vê e tudo pode – e que Ele está sempre cuidando de nós, como Pai misericordioso.

E como poderia ser diferente? Afinal, qual é o Pai que se alegra ao ver seus filhos sofrendo, ou enfrentando dificuldades? Nosso Senhor não se alegra com isso – e, não custa repetir, quando Ele permite alguma doença ou sofrimento, é para tirar de tudo isso um bem maior. Em outras palavras, para nos fortalecer.

Ao contrário do que pensamos, Deus tem compaixão – e a palavra *compaixão* vem do latim e quer dizer justamente "sofrer junto". No momento em que começamos a reforçar nosso espírito e nossa fé, acreditem: Ele já estava atento, e agora mais do que nunca estará se preparando para nos dar a cura e a libertação, derramando sobre nós o Seu Espírito. Nós temos apenas que fazer a nossa parte, usando as armas poderosas que estão ao nosso alcance.

Deus não quer impor o bem: Ele nos criou como seres livres. E é para isso que as tentações servem. Todos, com exceção de Deus, ignoram o que nossa alma recebeu de suas mãos. Mas a tentação torna isso manifesto, na medida em que nos ensina a nos conhecermos e, com isso, descobrirmos nossa miséria, levando-nos a dar graças pelos bens que a tentação nos manifestou.

Oração. Eucaristia. Vida de santidade. Jejum. Fidelidade à Cruz. Ler e ouvir a Palavra de Deus. Ao longo deste livro, já falei de muitas armas e armaduras contra as tentações e outras maldições. Aqui, vamos falar mais especificamente de outra série delas.

Orar e vigiar: o princípio do fortalecimento espiritual

As orações são importantes nos momentos mais difíceis e extremos, quando sentimos que o Diabo conseguiu chegar perto e nos atacar – em especial, as preces de cura e libertação, como as que rezamos regularmente no Santuário em que atuo. Mas não precisamos deixar a situação chegar ao limite. Não devemos nos lembrar de rezar apenas quando nos deparamos com algum tipo de maldição, por mais "branda" que seja.

Meus queridos irmãos: precisamos rezar sempre – e, mais do que isso, fortalecer nosso espírito para o combate permanente. E um primeiro passo importante, como eu disse lá no início, é assumir a humildade de um São Francisco de Assis, por exemplo: meditar sobre a grandeza e a bondade infinitas de Deus e assumir nossa fraqueza, nossa "vocação" de pecadores, já que somos herdeiros do pecado original de Adão e Eva.

Mas isso não basta, meus queridos. Para vencermos as paixões e evitarmos as faltas e os pecados, precisamos acrescentar outras armas ao nosso "arsenal de combate". De saída, quero falar aqui de mais duas: fazer bom uso de nosso *entendimento*, um dos maiores dons que recebemos do Espírito Santo; e fortalecer a nossa vontade, o que está ligado à fortaleza, justamente o outro dom precioso que o Espírito nos legou. (Vamos falar sobre isso mais adiante.)

Em geral, nosso entendimento se vê às voltas com dois grandes "inimigos", que são *as trevas da ignorância* e a tentação da chamada *curiosidade inútil, frívola* ou *desnecessária* – e isso abrange desde perder tempo com bobagens na internet até fazer intriga sobre a vida alheia. A ignorância nos impede de conhecer a Verdade, a única que nos liberta; a curiosidade inútil nos enche de inquietações e angústias desnecessárias, afastando-nos do bom combate.

E como podemos vencer as trevas da ignorância? Contra elas, contamos com a arma da oração, pedindo ao Espírito Santo que nos ilumine e esclareça, como nos foi prometido:

> Quando vier o Paráclito, o Espírito da Verdade, ensinar-vos-á toda a verdade, porque não falará por

si mesmo, mas dirá o que ouvir, e anunciar-vos-á as coisas que virão (João 16, 13).

E contamos também com a boa arma da leitura. Porque o Espírito nos fala através das Sagradas Escrituras, também através de livros sobre a vida dos santos (ou de livros escritos por eles) e dos sermões dos sacerdotes durante a Santa Missa. Se prestarmos atenção, o Espírito nos fala de várias formas, incansavelmente.

Outra maneira eficaz de combatermos as trevas da ignorância é treinar nossa capacidade de enfrentar até mesmo os pequenos desafios e situações de cada dia: usando o dom do entendimento, vamos distinguir as soluções e respostas *boas* das *ruins*. E então saberemos agir. Leiam o que está escrito em 1 Samuel:

> Mas o Senhor disse-lhe: Não te deixes impressionar pelo seu belo aspecto, nem pela sua alta estatura, porque eu o rejeitei. O que o homem vê não é o que importa: o homem vê a face, mas o Senhor olha o coração (1 Samuel 16, 7).

Nessas horas, precisamos controlar as paixões e as opiniões apressadas para agirmos com sabedoria. Afinal, mais vale quem domina a si mesmo do que aquele que domina uma cidade (Provérbios 16, 32).

Estão vendo como as Escrituras têm sempre a palavra certa para nos orientar?

O outro grande obstáculo que mencionei é a *curiosidade inútil*, que enche as nossas cabeças de um monte de falsos conhecimentos que povoam a internet, a televisão e as redes sociais. Em resumo: coisas que mais atrapalham do que ajudam. São Judas Tadeu chamava esse conhecimento inútil e frívolo de "nuvens sem água", "árvores sem fruto" e "ondas que trazem apenas espumas" (Judas 1, 11-12).

Precisamos, enfim, proteger nosso entendimento para não o desperdiçar naquilo que só nos afasta da verdadeira missão de todo homem, que é o aperfeiçoamento espiritual e a santidade. É aqui que entra em cena o dom da fortaleza, ajudando nossa vontade a concentrar o verdadeiro interesse (a "curiosidade" útil) no mais importante: conhecer a Jesus Cristo, compreender Sua mensagem, imitar Seus bons exemplos, lembrar-se do quanto Ele já fez e continua fazendo pelos que O seguem.

A *obediência* – obediência de fé – é outra virtude (outra arma) que nos ajuda muito no fortalecimento espiritual e na conquista do estado de graça. Ela se traduz em submissão, certamente, mas numa *submissão livre e voluntária* à Palavra, cuja verdade está garantida por Deus, que é a própria Verdade.

Mais uma vez, vamos encontrar a explicação bem clara dessa virtude no *Catecismo da Igreja Católica*, que deve ser um dos livros de cabeceira de todo católico (o outro é a Bíblia, é claro!). Diz seu parágrafo 144:

> Desta obediência, Abraão é o modelo que a Sagrada Escritura nos propõe, e a Virgem Maria, sua mais perfeita realização.

E logo adiante:

> Abraão realiza, assim, a definição da fé dada pela Epístola aos Hebreus: "A fé é uma posse antecipada do que se espera, um meio de demonstrar as realidades que não se veem" (Hebreus 11, 1). "Abraão creu em Deus, e isto lhe foi levado em conta de justiça" (Romanos 4, 3). Graças a esta "fé poderosa" (Romanos 4, 20), Abraão tornou-se "o pai de todos os que haveriam de crer" (Romanos 4, 11-18).

E ainda:

> A Virgem Maria realiza da maneira mais perfeita a obediência da fé. Na fé, Maria acolheu o anún-

cio e a promessa trazida pelo anjo Gabriel, acreditando que "nada é impossível a Deus" (Lucas 1, 37) e dando seu assentimento: "Eu sou a serva do Senhor; faça-se em mim segundo a tua palavra" (Lucas 1, 38). Isabel a saudou: "Bem-aventurada a que acreditou, pois o que lhe foi dito da parte do Senhor será cumprido" (Lucas 1, 45). É em virtude dessa fé que todas as gerações a proclamarão bem-aventurada.

Não é à toa que, na maioria das ordens religiosas, a *obediência* é um dos três votos feitos por seus integrantes (juntamente com os votos de *pobreza* e de *castidade*). A obediência a Deus significa a obediência à Sua Palavra, ou seja, aos ensinamentos que Ele deixou para que todo cristão possa seguir, a fim de conquistar um lugar no Paraíso após a sua morte.

Lembrem-se de que o próprio Cristo foi obediente ao Pai até o fim, com sua morte na Cruz. Quem seremos nós, então, se não O imitarmos?

Imitar a Jesus Cristo significa também perdoar – e isso nunca foi fácil, convenhamos. Caso contrário, Ele não falaria tanto de perdão (principalmente na oração do Pai-nosso, que já analisamos neste pequeno livro). Mais do que isso: Cristo o praticou, ao perdoar aqueles que O crucificaram.

Meus queridos irmãos: o perdão pode ser difícil, mas é *possível* e precisa ser vivido. Não existe pessoa no mundo que não precise perdoar e ser perdoada. A mágoa, a raiva, o ódio, a falta de aceitação de si mesmo e o desejo de vingança – tudo isso rouba de nós esta dádiva que Deus nos concedeu: a chance de alcançarmos o estado de graça e santidade.

Se queremos a cura interior, a libertação espiritual e emocional e a transformação do nosso coração, precisamos aceitar esta verdade simples e direta: tudo isso está diretamente ligado ao perdão. Não há lugar para a felicidade num coração duro, frio e incapaz de perdoar as ofensas. Não há lugar para a verdadeira santidade numa alma onde falta o perdão. E, sem isso, não seremos felizes – nem aqui, nem na vida eterna.

Vocês devem estar pensando: como somos fracos e inclinados ao pecado, não poderemos conseguir este aperfeiçoamento espiritual sozinhos. Mas eis a boa-nova, meus queridos irmãos, que nunca devemos deixar de repetir: *nós não estamos sozinhos!* Contamos desde sempre com Deus, que se faz presente em nossas vidas de várias formas. Principalmente através dos sacramentos.

Os sacramentos: sete sinais de Deus ao nosso alcance

Os sacramentos da nova lei que Jesus Cristo instituiu são sete: o Batismo; a Confirmação ou Crisma; a Comunhão ou Eucaristia; a Penitência ou Confissão; a Unção dos Enfermos; a Ordem; e o Matrimônio. Se vocês repararem, vão ver que eles atingem *todas as etapas* e *todos os momentos importantes* da vida do cristão, na medida em que dão origem e crescimento, cura e missão à vida de fé do cristão. E isso porque, como diz o *Catecismo* no parágrafo 1210, "existe certa semelhança entre as etapas da vida natural e as da vida espiritual".

Os sete sacramentos são, em suma, noutra definição do *Catecismo* (1084), sinais sensíveis (palavras e ações), acessíveis à nossa humanidade atual. Realizam eficazmente a graça que significam em virtude da ação de Cristo e pelo poder do Espírito Santo.

Vale a pena parar um pouco e refletir sobre cada um deles, principalmente sobre o seu sentido e sua importância na libertação e salvação de nossas almas.

BATISMO

O *Batismo* é entendido como o sacramento que abre as portas da vida cristã ao iniciado, incorporando-o ao grande Corpo Místico de Cristo – esse nome tão bonito com que nos referimos à Igreja Católica. Na maioria dos casos, ocorre durante a infância, mas não existe idade-limite para ele, porque as portas da Igreja estão sempre abertas para quem deseja ingressar.

Como todos sabem, esse ritual de iniciação cristã é feito normalmente derramando-se a água benta sobre a cabeça do batizado, enquanto se invoca o nome do Pai, do Filho e do Espírito Santo. Uma vez batizado, o cristão é – para sempre – um filho de Deus, um *membro inalienável* da Igreja.

A Igreja Católica insiste no batismo às crianças porque todos nascemos com o pecado original, e precisamos ser libertados do poder do Maligno e transferidos para o reino da liberdade dos filhos de Deus. É um sacramento tão importante que *a Igreja permite que ele seja ministrado por qualquer cristão em situações extremas*. Por exemplo: sabe-se de muitos casos em que, nas maternidades, o bebê recém-nascido que corre o risco de morrer teve de ser batizado pelo próprio médico ou por um dos enfermeiros (se for católico), na ausência de um padre no local.

Isso vale também para qualquer adulto doente não batizado. Qualquer pessoa pode e deve batizá-lo, dizendo "Eu te batizo, em nome do Pai, do Filho e do Espírito Santo", enquanto, com o polegar da mão direita, desenha uma cruz sobre a testa, a boca e o peito.

Quanto às crianças que morrem sem o batismo, ninguém precisa ficar aflito: na sua Liturgia, a Igreja as entrega à misericórdia de Deus, que todos nós sabemos que é ilimitada e infinita.

Confirmação ou Crisma

No segundo sacramento de iniciação à vida cristã – a *Confirmação* ou *Crisma* –, o católico já batizado reafirma sua fé em Cristo, sendo ungido durante a cerimônia e recebendo os sete dons do Espírito Santo. A unção é feita pelo bispo local ou por algum padre devidamente autorizado, com óleo abençoado na quinta-feira da Semana Santa.

Deus nos fez livres para escolhermos entre o caminho do bem e do mal. Por isso, através da Confirmação, oferece ao católico uma nova oportunidade, já que quase sempre somos batizados ainda bebês, e por "decisão alheia", de nossos pais e padrinhos. Recebemos assim a chance de *confirmar* o desejo de continuar sendo membros da família cristã, dentro da Igreja Católica, e de reafirmar aqueles compromissos iniciais.

Trata-se, portanto, de um sacramento *dependente*, complementar ao batismo, já que não tem qualquer significação se for ministrado a quem não tenha sido batizado.

Comunhão ou Eucaristia

Este é um sacramento sublime – e está no centro da vida de um católico. E é algo muito mais importante do que a maioria de nós imagina, meus queridos irmãos.

Ao receber a hóstia consagrada, o católico está participando de uma celebração *em memória de Jesus Cristo*.

Está recordando a Santa Ceia, a Paixão e a Ressurreição de Nosso Senhor.

No sacramento da Eucaristia, a hóstia consagrada (que representa o pão da Última Ceia de Cristo) é distribuída aos fiéis, que a ingerem de forma lenta e respeitosa. Para isso, eles precisam estar em *estado de graça* – ou seja, devem antes ter confessado seus pecados e recebido o perdão divino através do sacramento da Confissão ou Penitência.

Mesmo já sendo familiar e comum a todos vocês, meus queridos irmãos, nunca deve ser realizado como uma coisa *rotineira*. Porque é *o sacramento culminante*, que dá ao católico a oportunidade de receber e ingerir fisicamente algo que é *o corpo de Jesus Cristo*! O próprio corpo de Cristo!

Porque, quando o sacerdote pronuncia as palavras rituais "Isto é o meu corpo" (em relação ao pão) e "Isto é o meu sangue" (em relação ao vinho), acontece o fenômeno chamado *transubstanciação*, ou seja, a substância material do pão se converte no corpo de Cristo e a do vinho se transmuda no Seu sangue.

Percebem a importância desse sacramento? Por isso, meus queridos irmãos, nunca deixem *que ele se banalize* em suas vidas! A cada vez que comungarem, agradeçam a Deus pela misericórdia de – mesmo "sem serem dignos", como pede o rito – estarem recebendo o Senhor em corpo, sangue, alma e divindade.

Penitência ou Confissão

Como todos sabem, este sacramento consiste na confissão dos pecados a um sacerdote, que nos aplica uma pequena penitência. Promove a nossa *reconciliação* com Jesus Cristo. Em outras palavras, trata-se de uma oportunidade que a Igreja oferece ao católico de reconhecer as suas faltas, arrepender-se delas e ser perdoado por Deus.

Em geral, a confissão é feita de joelhos, como um sinal de humildade diante de Deus e do sacerdote. Quem se confessa deve rezar ao final o chamado "ato de contrição" – e só depois o sacerdote pronuncia as palavras do perdão e abençoa o penitente, que se retira para cumprir a penitência que lhe foi prescrita.

A penitência deve ser praticada com sinceridade, para que seja de fato um ato purificador. É obrigatória para quem quer comungar e tem consciência de ter cometido pecado grave. Até porque, meus queridos irmãos, lembrem-se sempre disto: vocês podem até mentir para o padre confessor – mas *nunca para Deus*. Porque Ele vê tudo. Ele, e só Ele, é onipresente, onisciente e onipotente.

Unção dos enfermos

A *Unção dos enfermos* – que antigamente era conhecida como *Extrema-unção* – é o sacramento pelo qual o sacerdote reza e unge os doentes, para animá-los à cura mediante a fé. Em geral, ouvem deles os arrependimentos e lhes concede o perdão de Deus, em Seu nome.

O nome atual me parece mais adequado, e vem lembrar aos católicos que pode ser solicitado por qualquer pessoa que se encontre doente ou às vésperas de passar por uma cirurgia – e não apenas quem esteja em caso grave. Afinal, além de contribuir para a recuperação da saúde, prepara-nos para algo que *nenhum de nós* sabe, ou seja, nosso momento final: "Vigiai, pois, porque não sabeis nem o dia nem a hora" (Mateus 25, 13).

Ordem

A *Ordem* é o sacramento do Ministério Apostólico – e é graças a ele que a missão confiada por Cristo a seus apóstolos continua sendo exercida na Igreja até o fim dos tempos.

Para que vocês entendam a importância deste sacramento, é melhor deixar a própria Igreja Católica explicá-lo, através de dois parágrafos de seu *Catecismo*, o 1552 e o 1553:

> A tarefa do sacerdócio ministerial não é apenas representar Cristo – Cabeça da Igreja – diante da assembleia dos fiéis; ele age também em nome de toda a Igreja quando apresenta a Deus a oração da Igreja e sobretudo quando oferece o sacrifício eucarístico.
>
> "Em nome de toda a Igreja" não quer dizer que os sacerdotes sejam os delegados da comunidade. A oração e a oferenda da Igreja são inseparáveis da oração e da oferenda de Cristo, sua Cabeça. Trata-se sempre do culto de Cristo na e por sua Igreja. É toda a Igreja, corpo de Cristo, que ora e se oferece, *per ipsum et cum ipso et in ipso* (por Ele, com Ele e n'Ele), na unidade do Espírito Santo, a Deus Pai. Todo o corpo, *caput et membra* (cabeça e membros), reza e se oferece, e é por isso que aqueles que são especialmente os ministros no corpo são chamados ministros não somente de Cristo, mas também da Igreja. É por representar Cristo que o sacerdócio ministerial pode representar a Igreja.

Pelo tamanho de sua responsabilidade e a grandeza de sua missão, o sacerdócio é uma *verdadeira vocação*, no sentido pleno da palavra – com tudo o que ela representa em termos de empenho e sacrifícios. Não é à toa que muitos profissionais, de diferentes categorias (principalmente médicos e professores) costumam dizer que para eles o trabalho é "um sacerdócio". Mesmo sem saber, eles estão dizendo que o exercem como uma *vocação*. E graças a Deus é assim – e assim continue a ser. É mais uma forma que o Senhor escolhe para agir em nossas vidas.

MATRIMÔNIO

O *Matrimônio* – que todos nós chamamos popularmente de casamento – é o sacramento que funda uma nova família católica, estabelecendo e santificando a união entre um homem e uma mulher. Mais do que a simples união civil, ele representa a santificação do casal diante de Deus, e se baseia em dois princípios fundamentais: é indissolúvel, segundo a doutrina da Igreja, e deve estar centrado na fidelidade entre os dois, que passam a formar uma só carne.

O matrimônio imprime sobre o casal um compromisso conjunto que só se dissolve com a morte de um dos cônjuges. Por ser um sacramento que só se consuma com dois participantes, a morte o extingue, porque dissolve o casal.

Uma característica que talvez nem todos conheçam: o sacramento do matrimônio *não* é ministrado pelo sacerdote – mas pelos próprios noivos que o realizam perante a Igreja, pedindo e recebendo do sacerdote a bênção para a nova família que nasce. Mais do que uma "simples curiosidade", esse detalhe é muito importante, porque só faz aumentar a responsabilidade dos católicos ao assumirem o compromisso diante de Deus.

Se vocês repararem, apenas dois desses sacramentos se excluem ao menos parcialmente: pelo princípio do celibato (com exceção dos diáconos permanentes), o católico deve optar entre o casamento e a ordenação sacerdotal. Todos os outros estão à disposição de cada filho de Deus. E devem ser vistos não como simples obrigações – mas como oportunidades que a infinita misericórdia de Deus nos oferece de atingirmos a graça e merecermos um dia contemplar a Sua face.

SACRAMENTAIS: SINAIS DA PRESENÇA E DA FORÇA DOS SACRAMENTOS

Quando entra numa igreja, movido pela fé ou pela beleza da construção, o fiel católico se ajoelha diante do sacrário, faz o sinal da Cruz, às vezes molha a ponta dos dedos na água abençoada pelo sacerdote e, em seguida, se ajoelha e repete uma oração tradicional como a Ave-maria ou o Pai-nosso. Cada um desses atos e objetos tem um nome genérico que ele talvez desconheça: são os chamados *sacramentais*.

Certamente, muitos católicos já conhecem os sacramentais e a maioria até recorre a diversos deles. Mas será que sabem exatamente o que significam e a função que cumprem nas nossas vidas? Acho que neste ponto a coisa complica um pouco, e o número dos que compreendem o assunto diminui bastante.

Pela importância que ocupam na nossa vida de católicos, vale a pena falar um pouco sobre os sacramentais. E, principalmente, esclarecer alguns aspectos que às vezes levam a um mau uso desses símbolos e objetos.

Antes de mais nada, é bom mencionar a definição que o Concílio Vaticano II estabeleceu na década de 1960 e que vem citada no *Catecismo da Igreja Católica*:

> A Santa Mãe Igreja instituiu os sacramentais, que são sinais sagrados pelos quais, à maneira dos sacramentos, são significados efeitos principalmente de ordem espiritual, obtidos pela oração da Igreja. Por meio deles, os homens se dispõem a receber o efeito principal dos sacramentos e as várias circunstâncias da vida são santificadas.

Os sacramentais têm grande valor de santificação e consagração: é por meio deles que Deus derrama suas bênçãos sobre nós – sobre nossas casas, nossos corpos e nossos objetos. E, vocês podem acreditar: onde existe a bênção de Deus, o Demônio tem medo de tocar.

Fazendo uma lista rápida, podemos dizer que os sacramentais mais conhecidos são:

- A água benta e certos óleos (as chamadas *unções*) usados na administração de alguns sacramentos, mas que não pertencem à sua essência.

- Diversos objetos bentos de devoção: o crucifixo, as medalhas (como a Medalha de Nossa Senhora das Graças e a Medalha de São Bento), as velas e o escapulário de Nossa Senhora do Carmo, entre outros.

- O uso do pão bento ou outros alimentos santificados pela bênção de um sacerdote.

- As esmolas e doações (espirituais ou corporais), assim como todos os atos de misericórdia prescritos pela Igreja.

- As bênçãos dadas pelo papa, pelos bispos e os sacerdotes; os exorcismos; a bênção de reis, abades ou virgens e, em geral, todas as bênçãos sobre coisas santas.

A lista poderia ser ainda maior – mas o mais importante aqui é compreender a função, o poder e até mesmo os *limites* do uso dos sacramentais. Vejam o que diz o *Catecismo* no início do parágrafo 1670:

Os sacramentais não conferem a graça do Espírito Santo à maneira dos sacramentos; mas, pela oração da Igreja, preparam para receber a graça e dispõem para cooperar com ela.

Em suma, meus queridos irmãos, à luz da doutrina da Igreja Católica, os sacramentais produzem seu efeito pela ação daquele que opera. Ou seja, para que "funcionem", é preciso que também entrem em cena a nossa plena consciência e nossa boa disposição ao recebê-los: o amor, a fé, o respeito e a reverência, a boa intenção, o espírito de adoração, o comprometimento e uma série de bons sentimentos que apontam na direção da graça.

Trocando em miúdos, podemos (e devemos) recorrer aos sacramentais sem nenhum problema – e com grande proveito para nós. O importante é compreender que não se trata de "talismãs" ou "amuletos", nem de "patuás" protetores. A sua simples posse não gera nenhum efeito. No final das contas, o que faz a diferença é a nossa fé e a ação da misericórdia de Deus – seja ela direta ou por meio de algum de seus intercessores.

É neste contexto que devemos entender as famosas "pílulas milagrosas" de Santo Antônio de Sant'Ana Galvão, o Frei Galvão, religioso paulista canonizado em 2007: como sacramentais, quer dizer, como objetos de fé. Os milagres atribuídos a elas – e parece que são muitos –

na verdade são obras de Deus, por intercessão do santo. E, antes que alguém nos pergunte: um católico não pode questionar ou duvidar da santidade de Frei Galvão.

O importante, meus queridos irmãos, é deixar isso bem claro. Qualquer outro sentido místico dado a essas "pílulas" (na verdade, pequenas tiras de papel enroladas, contendo jaculatórias escritas pelo frei) ou atribuído a outros "objetos mágicos" deve ser encarado como uma tendência perigosa de dialogar com o Maligno, que, mesmo sem poder ler nossas mentes, está sempre nos observando.

Os dons do Espírito Santo: verdadeira "chuva de bênçãos"

Tudo é graça e misericórdia de Deus em nossas vidas. E é por sua bondade infinita – e não por qualquer mérito nosso – que temos também à nossa disposição *os sete dons do Espírito Santo*. É mais uma bênção de Deus. A nós, cabe apenas humildemente pedir.

Como diz nosso *Catecismo* no parágrafo 1830:

> A vida moral dos cristãos é sustentada pelos dons do Espírito Santo. Estes são disposições permanentes que tornam o homem dócil para seguir os impulsos do mesmo Espírito.

Em outras palavras, esses dons tornam os homens mais dóceis para obedecer imediatamente às inspirações divinas. São Paulo apóstolo confirmou essa nossa vocação, numa de suas abençoadas epístolas:

> Ou não sabeis que o vosso corpo é templo do Espírito Santo, que habita em vós, o qual recebestes de Deus e que, por isso mesmo, já não vos pertenceis? (1 Coríntios 6, 19).

Somente pela ação do Espírito Santo em nós é que haveremos de conquistar a santidade. É ele que, desde o batismo, veio habitar em nós, tornando-nos "templos do Deus vivo". Ou, como disse São Pedro,

> pedras vivas, vós também vos tornais os materiais deste edifício espiritual, um sacerdócio santo, a oferecer vítimas espirituais agradáveis a Deus, por Cristo (1 Pedro 2, 5).

Em resumo, meus queridos irmãos: os dons do Espírito Santo completam e aperfeiçoam as virtudes daqueles que os recebem. E não é isso que todos nós queremos?

Vamos então pedir com humildade à Virgem Maria, esposa do Espírito Santo, que interceda por nós junto a Deus, para termos a graça de receber cada um deles.

FORTALEZA

Peçamos o dom da *fortaleza*, que nos torna mais corajosos para enfrentar as dificuldades diárias – desde os problemas da nossa vida prática até as tentações do Maligno. Foi graças a esse dom que os santos e mártires recusaram as falsas promessas e enfrentaram as ameaças do mundo, às vezes com o sacrifício da própria vida. Com ele, fortalecemos a nossa fé, ganhamos mais firmeza em nossas decisões. Só assim poderemos entender e tentar imitar a coragem dos que enfrentaram o martírio. Como diz o livro do Apocalipse:

> Nada temais ante o que hás de sofrer. Por estes dias o Demônio vai lançar alguns de vós na prisão, para colocar-vos à prova. Tereis tribulações durante algum tempo. Sede fiel até a morte, e eu vos darei a coroa da vida (Apocalipse 2, 10).

SABEDORIA

Peçamos também a *sabedoria*, que é o dom de distinguir entre o essencial e o secundário – ou seja, entre o que favorece e o que prejudica o projeto de Deus. A sabedoria prepara nosso espírito para uma visão plena de Deus. Foi o próprio Jesus quem nos disse:

> Quando fordes presos, não vos preocupeis nem com a maneira com que haveis de falar, nem pelo que haveis de dizer. Porque não sereis vós quem falareis, mas o Espírito do vosso Pai falará em vós (Mateus 10, 19-20).

Ser sábio é ter a capacidade de escolher e apreciar o bem em meio às tantas alternativas que o mundo põe à disposição do nosso livre-arbítrio. É o dom de "saber viver" em Deus, na bondade, na verdade e na beleza, mesmo se às vezes não conseguimos compreender plenamente muitas coisas. Porque, na verdade, não se trata de ter inteligência ou cultura: é *outro tipo* de conhecimento, que não nos vem do mundo. Por isso, trata-se de um dos dons do Espírito Santo legados a nós.

CIÊNCIA

Peçamos também o dom da *ciência* – mas da ciência de Deus, e não da ciência do mundo. É por meio desse dom que o Espírito coloca, lá no fundo de nossas almas, o pensamento de Deus sobre nós, porque está escrito que "os mistérios de Deus ninguém os conhece, a não ser o Espírito Santo" (1 Coríntios 2, 11).

É o dom divino que abre nosso coração para que possamos contemplar o Criador, através do conhecimento da criação. Foi graças a isso, por exemplo, que os santos souberam enxergar Deus atrás das criaturas: São Francisco de Assis compôs o "Cântico das criaturas" porque, para ele, todos os seres criados eram oportunidades de contemplar e amar a Deus – desde as flores até as aves, desde a água até o fogo e o sol.

Entendimento

Peçamos a Deus a graça de receber o dom do *entendimento*, que nos ilumina para compreender, assimilar e *aceitar* (este é o verbo mais importante) as verdades reveladas por Ele. Com esse dom, o Espírito Santo nos permite examinar as profundezas de Deus, e assim podemos participar um pouquinho do conhecimento e da intimidade do próprio Deus. Porque Ele nos prometeu:

> Eu lhes darei um coração capaz de me conhecerem
> e de entenderem que Eu sou o Senhor, Eles serão

o meu povo, e eu serei o seu Deus porque de todo o coração se voltarão a mim (Jeremias 24, 7).

Pode até parecer meio confuso distinguir entre a sabedoria, o entendimento e a ciência – porque, de fato, são dons complementares. Mas acreditem: há uma diferença entre eles. Só para dar um exemplo: existem pessoas simples que, mesmo sem entenderem o significado pleno da Liturgia, dos dogmas e das orações, conseguem apreciar o "sabor das coisas de Deus" e dão seu testemunho devoto e piedoso, inspirando e ajudando muita gente a levar também uma vida espiritual mais profunda, por mais que essas outras pessoas tenham dotes intelectuais muito maiores. Mesmo sem o entendimento, essas pessoas simples possuem o dom da sabedoria. Coisas da misericórdia de Deus, que chegam a nós através do Espírito Santo.

Conselho

E peçamos também o dom do *conselho* – que nos ajuda a discernir caminhos e opções e nos faz capazes de saber orientar e escutar. Ele representa a luz que o Espírito nos dá para distinguirmos o certo do errado e o verdadeiro do falso. Quando repousou sobre Jesus, o Espírito

Santo lhe deu esse dom em plenitude, como Isaías havia profetizado:

> Ele não julgará pelas aparências, e não decidirá pelo que ouvir dizer, mas julgará os fracos com equidade e fará justiça aos pobres da terra (Isaías 11, 3-4).

Como nossa alma poderá responder às circunstâncias às vezes complicadas da existência, tanto na hora de tomar suas próprias decisões quanto na hora de orientar os irmãos no caminho do bem? Só tendo a graça de receber o dom do conselho.

Piedade

Mas também peçamos ao Espírito Santo a *piedade*, que significa muito mais do que a compaixão que devemos ter pelo próximo. Trata-se, aqui, de algo maior: é o dom de estar aberto permanentemente à vontade de Deus, procurando sempre agir como Jesus agiria. Afinal, se Deus vive Sua aliança com o homem de maneira tão envolvente, por que o homem não há de fazer a mesma coisa?

A piedade é o dom do fervor, da devoção e da experiência de viver em comunhão permanente com Deus, sentindo-se inspirado a ser como Ele – e não apenas na relação filial com o Pai do Céu, mas também de fraternidade com nossos irmãos neste mundo.

Na primeira Epístola aos Coríntios, São Paulo escreveu:

> [1]A respeito dos dons espirituais, irmãos, não quero que vivais na ignorância. [2]Sabeis que, quando éreis pagãos, vos deixáveis levar, conforme vossas tendências, aos ídolos mudos. [3]Por isso, eu vos declaro: ninguém, falando sob a ação divina, pode dizer: Jesus seja maldito e ninguém pode dizer: Jesus é o Senhor, senão sob a ação do Espírito Santo (1 Coríntios 12, 1-3).

TEMOR DE DEUS

E finalmente peçamos também o dom do *temor de Deus* – que tanta gente costuma entender errado, no sentido negativo de "sentir medo". Lembrem-se: um católico não deve sentir medo, meus queridos irmãos.

Na verdade, estamos falando de um dom divino, e não de uma fraqueza humana: trata-se aqui não apenas de obediência, mas de *temer* por Deus, de não querer que Ele seja ofendido ou desprezado e deixado de lado – tanto pelos outros quanto por nós mesmos. O temor de Deus é também aquele "medo sadio" das consequências do nosso afastamento de Deus – quer dizer, não o temor de algum castigo imposto por Ele, mas da simples possibilidade de um dia optarmos por viver longe de Sua graça e de Sua presença em nós.

Não podemos esquecer que Jesus teve sempre o cuidado de fazer em tudo a vontade do Pai. Mais do que respeito e obediência à Sua vontade, estamos falando de amor – que é o mínimo que devemos sentir por Aquele que nutre por nós tanto amor e misericórdia.

Meus queridos irmãos, tudo é bênção! Tudo é graça de Deus em nossas vidas! Peçamos com fé e humildade esses dons ao Espírito Santo – para que Ele derrame sobre nós uma verdadeira "chuva de bênçãos".

Algumas armas espirituais infalíveis

Como a própria Bíblia nos ensina que a nossa vida na terra é um combate constante contra o Maligno e nos recomenda estar sempre preparados para enfrentar os embates do Diabo, eis aqui, em resumo, algumas armas espirituais poderosas e infalíveis para lutar contra os ataques diários do Demônio:

Rejeite radicalmente a tentação

Um problema no combate espiritual é a resposta lenta e fraca à tentação. Mas, com a graça de Deus, você pode fortalecer sua vontade para rejeitar com decisão e firmeza a tentação desde o começo. Não se esqueça de evitar as ocasiões de pecado, não brinque com fogo.

Identifique o inimigo e peça ajuda a Deus

Ao sentir uma tentação, lembre-se de que ela é obra do Demônio. E invoque o Senhor – nem que seja com orações breves ou jaculatórias: "Vinde, ó Deus, em meu auxílio", "Jesus, confio em Vós" etc.

Lute contra a preguiça

Fique atento – e se mantenha ativo, orando e trabalhando. Lembre-se de que "a mente desocupada é a oficina do Diabo". Se você não tem nada para fazer, o Diabo lhe oferecerá muitas opções...

USE AS ARMAS DE JESUS NO DESERTO

Para vencer o Maligno, recorra sempre à oração permanente, ao jejum e, sobretudo, à intimidade com a Palavra de Deus (seja através da meditação ou de sua colocação em prática).

RECORRA AOS SACRAMENTAIS

O uso adequado dos sacramentais pode chegar a ser muito eficaz na luta contra o Diabo. Sobretudo estes três: a água benta, o escapulário de Nossa Senhora do Carmo e a medalha de São Bento.

INVOQUE MARIA

Segundo relatos de inúmeros exorcistas, Maria é a criatura de quem Satanás mais tem medo. Qualquer forma de invocação de Maria é suficiente para afastar o Demônio.

Invoque São Miguel Arcanjo

Em nossa batalha contra Satanás, precisamos utilizar todas as armas. Deus escolheu São Miguel Arcanjo como o anjo fiel, o príncipe da milícia celestial, para mandar Lúcifer ao inferno. E esse poder continua até hoje. Invoque-o!

Adendo
Dízimo: uma fonte permanente, mas incompreendida, de bênçãos

Meus queridos irmãos, eis aqui um tema de que os cristãos católicos não gostam muito de tratar – e digo isso pela experiência das paróquias e santuários pelos quais já passei: *o dever de pagar o dízimo*. Mas devemos refletir sobre a sua grande importância na nossa vida e na Palavra de Deus.

O problema é que, quase sempre, nós nos esquecemos do mais importante: de agradecer e devolver. Retribuir um pouco das muitas bênçãos que Deus nos tem dado: é isso o que chamamos de *dízimo*. E sua essência se concentra, não em "dar somente o que nos sobra", mas em "devolver" um pouco – uma pequena parte – de tudo aquilo que Deus nos concede.

Jesus nos ensina uma lição importante no episódio do Evangelho de Lucas em que avista uma viúva depositando no cofre do templo algumas poucas moedas.

> [1]Levantando os olhos, viu Jesus os ricos que deitavam as suas ofertas no cofre do templo. [2]Viu também uma viúva pobrezinha deitar duas pequeninas moedas, [3]e disse: Em verdade vos digo: esta pobre viúva pôs mais do que os outros. [4]Pois todos aqueles lançaram nas ofertas de Deus o que lhes sobra; esta, porém, deu, da sua indigência, tudo o que lhe restava para o sustento (Lucas 21, 1-4).

Meus queridos irmãos! Para muitos, aquela poderia parecer uma cena insignificante e sem nenhum valor – mas não para Jesus: ele viu ali uma das maiores provas de amor e gratidão a Deus. Porque muitos, quando depositavam seus dízimos, davam apenas o que lhes sobrava, enquanto aquela viúva, na sua simplicidade, deu tudo o que possuía.

Alguns hão de perguntar: como ela ia viver, se tudo o que possuía deu em dizimo? É aí que entra outra grande lição: ela não era egoísta, e sabia que Deus jamais abandona aqueles que o amam – como diz o profeta Elias à viúva de Sarepta:

¹⁰Elias pôs-se a caminho para Sarepta. Chegando à porta da cidade, viu uma viúva que ajuntava lenha. Chamou-a e disse-lhe: Por favor, vai buscar-me um pouco de água numa vasilha para que eu beba. ¹¹E indo ela buscar-lhe a água, gritou-lhe Elias: Traze-me também um pedaço de pão. ¹²Pela vida de Deus, respondeu a mulher, não tenho pão cozido: só tenho um punhado de farinha na panela e um pouco de óleo na ânfora; estava justamente apanhando dois pedaços de lenha para preparar esse resto para mim e meu filho, a fim de o comermos, e depois morrermos. ¹³Elias replicou: Não temas; volta e faze como disseste; mas prepara-me antes com isso um pãozinho, e traze a mim; depois prepararás o resto para ti e teu filho (1 Reis 17, 10-13).

Depois que ela fez a vontade do Senhor, acolhendo o profeta em sua casa, sua vida não parou de conhecer as bênçãos divinas:

¹⁴Porque eis o que diz o Senhor, Deus de Israel: a farinha que está na panela não se acabará, e a ânfora de azeite não se esvaziará, até o dia em que o Senhor fizer chover sobre a face da terra. ¹⁵A mulher foi e fez o que disse Elias. Durante muito tempo ela teve o que comer, e a sua casa, e Elias. ¹⁶A farinha não se

acabou na panela nem se esgotou o óleo da ânfora, como o Senhor o tinha dito pela boca de Elias (1 Reis 17, 14-16).

E não ficou apenas nisso. O texto prossegue contando que, algum tempo depois, o filho da viúva adoeceu, e seu mal era tão grave que ele já não respirava. E Deus, mais uma vez, não lhe faltou:

> [18] A mulher disse a Elias: Que há entre nós dois, homem de Deus? Vieste, pois, à minha casa para lembrar-me os meus pecados e matar o meu filho? [19] Dá-me o teu filho, respondeu-lhe Elias. Ele tomou-o dos braços de sua mãe e levou-o ao quarto de cima onde dormia e deitou-o em seu leito. [20] Em seguida, orou ao Senhor, dizendo: Senhor, meu Deus, até a uma viúva, que me hospeda, quereis afligir, matando seu filho? [21] Estendeu-se em seguida sobre o menino por três vezes, invocando de novo o Senhor: Senhor, meu Deus, rogo-vos que a alma deste menino volte a ele. [22] O Senhor ouviu a oração de Elias: a alma do menino voltou a ele, e ele recuperou a vida (1 Reis 17, 18-22).

Sempre que penso nesse tema, as bênçãos e o dízimo, me vem à cabeça uma citação do livro de Malaquias que confirma tudo o que foi exposto nessa breve reflexão sobre um assunto tão importante:

> [8]Pode o homem enganar o seu Deus? Por que procurais enganar-me? E ainda perguntais: Em que vos temos enganado? No pagamento dos dízimos e nas ofertas. [9]Fostes atingidos pela maldição, e vós, nação inteira, procurais enganar-me. [10]Pagai integralmente os dízimos ao tesouro do templo, para que haja alimento em minha casa. Fazei a experiência – diz o Senhor dos exércitos – e vereis se não vos abro os reservatórios do céu e se não derramo a minha bênção sobre vós muito além do necessário (Malaquias 3, 8-10).

Portanto, meus queridos irmãos: deem o dízimo ao templo do Senhor, que provê sua vida. É um sinal de amor, em duas de suas maiores formas: a caridade e a gratidão. Vocês vão ver como serão grandes e infinitas as bênçãos que Ele derramará sobre você e sua família.

Parte 5

Orações de Cura e Libertação

Olhai, vigiai e orai; porque não sabeis quando chegará o tempo.
(Marcos 13, 33)

Meus queridos irmãos: a oração é um dever de todo católico. E, no caso das orações de cura e libertação, elas podem representar uma *necessidade inadiável*.

Mas a oração não deve ser um simples impulso interior, e sim uma vontade consciente: para rezar, é preciso querer. Nisso, as famílias cumprem um importante papel, pois cabe aos pais acostumarem seus filhos a rezar desde pequenos.

O que é a oração? Ninguém melhor do que os santos para definirem e ressaltarem sua importância.

Para São João Crisóstomo (Doutor da Igreja que viveu no século IV), "a oração é âncora para os flutuantes, tesouro para os pobres, remédio para os doentes, e preservativo para os sãos". Ou seja: ela é uma âncora segura para quem está em perigo de naufragar, é um tesouro imenso de riquezas para quem é pobre, é um remédio eficacíssimo para os enfermos e um fortificante certo para a nossa saúde.

E o que a oração é capaz de fazer? Segundo São Lourenço Justiniano (o chamado "Patriarca de Veneza", que viveu entre os séculos XIV e XV), "a oração aplaca a ira de Deus", na medida em que Deus perdoa logo a quem lhe pede, concedendo todas as graças pedidas e derrotando todas as forças do inimigo. Em resumo, ela transforma os cegos em iluminados, os fracos em fortes, os pecadores em santos.

Quem se vale dessa grande arma que é a oração, diz São Pedro Crisólogo (Doutor da Igreja, bispo italiano do século V), "ignora a morte, deixa a terra, entra no céu e vive com Deus; não cai em pecado. Ou seja, quem reza perde apego às coisas da terra, entra no céu e já nesta vida começa a gozar da presença de Deus.

Convido agora todos vocês a rezarem comigo, seguindo as palavras do evangelista: orai e vigiai!

Oração a São Miguel Arcanjo

São Miguel Arcanjo, defendei-nos no combate, sede nosso refúgio contra a maldade e as ciladas do demônio! Ordene-lhe, Deus, instantemente o pedimos; e vós, príncipe da milícia celeste, pela virtude divina, precipitai ao Inferno Satanás e todos os espíritos malignos que andam pelo mundo para perder as almas. Amém!

Oração a São Gabriel Arcanjo

Ó Poderoso Arcanjo São Gabriel,

A vossa aparição à Virgem de Nazaré trouxe luz ao mundo que estava mergulhado nas trevas. Assim falastes à Santíssima Virgem: "Ave, Maria, cheia de graça, o Senhor é convosco... o Filho que de ti nascer será chamado Filho do Altíssimo."

São Gabriel interceda por nós junto à Virgem Santíssima, Mãe de Jesus, o Salvador. Afastai do mundo as trevas da descrença e da idolatria. Fazei brilhar a luz da fé em todos os corações. Ajudai a juventude a imitar Nossa Senhora nas virtudes da pureza e da humildade. Dai força a todos os homens contra os vícios e o pecado.

São Gabriel! Que a luz da vossa mensagem anunciadora da Redenção do gênero humano ilumine o meu caminho e oriente toda a humanidade rumo ao Céu. São Gabriel, rogai por nós. Amém!

Oração a São Rafael Arcanjo

Poderoso Arcanjo Rafael, vós que estais sempre vigilante diante da face do Deus Altíssimo, que vos dignastes orientar Tobias para chegar a um feliz casamento, eu vos peço: guiai os jovens namorados, orientai os casais de noivos para que cheguem a um feliz casamento; sede sentinela vigilante às portas de todos os lares cristãos para impedir a entrada do mau espírito da desconfiança, da desarmonia, da discórdia, da infidelidade, do ciúme e do ódio.

São Rafael, fazei reinar em nossas famílias o amor, o respeito e a compreensão entre o esposo e a esposa e entre pais e filhos; fazei florescer a verdadeira felicidade em todos os lares.

São Rafael, abençoai-nos e defendei-nos. Amém!

Vem, Espírito Criador!

Vinde, Espírito Criador, a nossa alma visitai e enchei os corações com vossos dons celestiais.

Vós sois chamado o Intercessor de Deus, excelso dom sem par, a fonte viva, o fogo, o amor, a unção divina e salutar.

Sois o doador dos sete dons e sois poder na mão do Pai, por Ele prometido a nós, por nós seus feitos proclamai.

A nossa mente iluminai, os corações enchei de amor, nossa fraqueza encorajai, qual força eterna e protetor.

Nosso inimigo repeli, e concedei-nos a vossa paz, se pela graça nos guiais, o mal deixamos para trás.

Ao Pai e ao Filho Salvador, por vós possamos conhecer que procedeis do Seu amor, fazei-nos sempre firmes crer.

Amém!

Consagração a Nossa Senhora

Ó minha Senhora, ó minha Mãe, eu me ofereço todo a Vós, e em prova de minha devoção para convosco, eu vos consagro neste dia meus olhos, meus ouvidos, minha boca, meu coração e inteiramente todo o meu ser. E como assim sou vosso, ó incomparável Mãe, guardai-me e defendei-me como coisa e propriedade vossa. Amém.

Mensagem final: Deus nos convida à santidade!

> *Mas agora, despojai-vos também de tudo: da ira, da cólera, da malícia, da maledicência, das palavras torpes da vossa boca.*
>
> (Colossenses 3, 8)

Meus queridos irmãos: Deus nos dotou (a nós, criaturas racionais) da graça e das responsabilidades do livre-arbítrio. Somos frutos do seu Amor, e por isso agimos por contra própria, e não como marionetes de Deus.

Infelizmente, herdamos também a mancha do pecado original. Por conta disso, nascemos privados do "estado de justiça original e perfeição natural", uma dádiva não respeitada por Adão e Eva. Com exceção da Virgem Maria, já chegamos ao mundo como pecadores. Isso faz com que ocorra em nós a tentação para praticar o mal.

Precisamos, então, estar permanentemente atentos. Devemos sempre orar e vigiar.

E devemos acima de tudo confiar em Deus e acreditar que *nossa vida não é destinada ao vazio, mas à glória e à felicidade eternas* – na companhia da Santíssima Trindade, de Nossa Senhora e todos os santos.

Por isso, quero encerrar este pequeno livro convidando cada um de vocês a se empenhar em permanecer na graça e buscar a santidade, como Deus nos ordenou e planejou, em Sua misericórdia infinita: criaturas feitas à Sua imagem e semelhança.

Mas é importante que nossa principal motivação para isso não seja apenas o desejo de evitar as maldições ou o medo do castigo eterno – mas que seja *por Amor a Deus, e pelo desejo sincero da santidade*. Pela vontade de um dia poder contemplar a face do Altíssimo e conviver com Ele na eternidade.

Para vivermos em paz, para recebermos as suas bênçãos aqui na terra e um dia conquistarmos a vida eterna, a única coisa que precisamos fazer é ouvir a Sua voz, guardar os seus mandamentos e segui-Lo. Porque o Senhor nos deu o livre-arbítrio, que é a graça de escolher entre o bem e o mal. Quanto mais eu escolho o mal, mais eu me entrego à escravidão do pecado!

É com base nesses princípios que queremos encerrar este pequeno livro lembrando: precisamos crer na bênção de Deus mais do que nas maldições. Precisamos orar com poder para que a graça, milagres e prodígios possam acontecer. Ao escolhermos o bem, estaremos optando pelo caminho que leva à vida. Mas, se escolhermos o mal, vamos enveredar pelas trilhas do pecado – e, no fim das contas, escolheremos as trevas e a morte.

Devemos sempre nos lembrar de que tudo é graça: o Paraíso nunca poderá ser conquistado "por nossos méritos". Somente Cristo é quem pode – e o fez – "conquistá-lo" para cada um de nós, por meio da via estreita da sua morte na Cruz, que se conclui na alegria da Ressurreição.

Sejamos então obedientes, para sermos dignos das promessas de Cristo!

Que Deus os abençoe, em nome do Pai, do Filho e do Espírito Santo.

Amém!

Abençoados e libertos: alguns testemunhos

Este livro não poderia deixar de incluir o testemunho de alguns fiéis que atingiram a graça e as bênçãos de Deus em suas vidas pela força poderosa da oração. Muitos preferiram não se identificar, mas Deus sabe quem são e conhece a sinceridade destas palavras de gratidão à sua imensa bondade.

Pe. Anderson Guerra

CELI DE MARCO

Faço questão de deixar meu testemunho:
Durante as quatro segundas-feiras de quebra de maldição (compareci a todas), levei a escritura e havia chaves de uma casa, que estávamos tentando vender havia mais de cinco anos. Conversei com Deus, disse a Ele que sabia a hora certa da venda... mas no meu coração eu sentia que já tinha chegado a hora. Com muita fé, levantei a escritura e as chaves quando o Santíssimo passou, e até me lembrei de que a mulher que me vendera a casa mais de 25 anos atrás tinha feito isso com muito dó – e até tinha assinado a escritura chorando. Então, pedi para Deus quebrar qualquer maldição que ela pudesse ter deixado na casa.
Menos de dois meses, já tínhamos vendido a casa, para a glória de Deus. Que Deus seja louvado! Muito obrigada por suas Missas, padre Anderson! Moro em Guarulhos, e não consigo ir a todas as Missas de segunda-feira. Mas, sempre que posso, compareço! Que Deus abençoe o senhor! Que ilumine cada dia mais sua missão!

Michelle Gregório

A sua bênção, padre Anderson! Sou sua amiga de infância, e participava do grupo de jovens da Igreja Verde. Eis o meu testemunho:

Eu já estava casada com meu marido no civil, mas existia um buraco em nossa vida, porque ainda não era casada na Igreja – não tinha entregado meu casamento a Jesus e Maria. Então, em dezembro do ano passado, você nos deu essa bênção de fazer o casamento comunitário. Aí, sim: nossa graça estava completa! Já tínhamos um filho (Maykon, de 15 anos) e queríamos muito ter mais um, apesar das condições não serem tão boas neste mundo em que estamos vivendo, mas decidimos tentar. Esse nosso sonho era antigo: já tinha alguns anos, e nada... Então, com a graça e a unção de Deus, você fez a quebra de maldição. Pedi muito a Deus por esse milagre, e pedi à Cida (minha madrinha de oração e intercessora) que também me ajudasse em minhas orações...

Pois bem: na segunda semana das orações da quebra de maldição, você identificou, lá do altar, que havia ali uma pessoa que queria muito engravidar, "mas seu ventre está amaldiçoado". Nesse momento, caí em choro e meu corpo começou a tremer inteiro! Passei muito mal, e você disse: "Em nome de Jesus, este mal está quebrado e você vai conseguir engravidar." Fui embora, e na mesma semana eu engravidei:

mais exatamente, no dia 1º de agosto. Já estou com quatro meses de gravidez, e me sinto muito feliz por mais esta graça alcançada.

Já vou ao Santuário Mãe dos Aflitos há pouco mais de dois anos, em todas as segundas-feiras – e minha vida não tem mais sentido sem esse comparecimento semanal. Ali eu alcancei muitas graças, aprendi muito. E também recebi algumas lições que doeram, mas sei foram para o meu bem. Obrigada a você, padre Anderson, e a toda a sua equipe, que nos acolhe tão bem!

Claudia Rosália Teixeira Domingos

Boa noite, padre Anderson! Estou aqui para agradecer e contar a bênção que recebi, quando fui às Missas, de segunda-feira, de quebra de maldições.

Meu marido, Rodrigo Tadeu Domingos, estava desempregado havia mais de quatro meses, e agora ele conseguiu o emprego dos sonhos dele. Trata-se de uma empresa onde só se entra através de indicação – e ele não conhece ninguém, nem mandou currículo. Claro que isso foi uma obra de Deus, junto com sua Mãe maravilhosa. Foi uma bênção realizada. Obrigada por tudo! Amém.

KELLY

Olá, padre Anderson. Quero dar aqui meu testemunho. Tenho 33 anos, sou casada há nove anos com o Edmilson e temos um filho, Eduardo, de cinco anos. Em abril do ano passado, tivemos que nos mudar, pois nossa casa foi demolida pela CPTM – e ainda estamos recebendo auxílio-aluguel até construírem os apartamentos da CDHU.

Fomos morar numa casa que pertence a meu pai, e que antes tinha sido alugada para muitas pessoas diferentes. Então, desde o princípio, aconteceram várias coisas estranhas depois dessa mudança: um rapaz bateu no nosso carro e não pagou o conserto (ficamos no prejuízo); os eletrodomésticos começaram a dar problemas – parecia que tudo estava dando errado!

Sempre rezo o terço à noite, antes de dormir. Até que, numa noite, durante as orações, levei um susto grande: o lustre do nosso quarto quebrou e ficou pendurado pelos fios. Continuei rezando, e o lustre insistindo em quebrar! Por pouco não caiu no chão... Nós o deixamos ali do mesmo jeito até hoje, sustentado apenas pelos fios, pois falei para meu marido que seria nosso testemunho.

Participamos das suas Missas de quebra de maldições, e numa delas o senhor dizia: "Estou tendo a visão de muitas casas, sendo libertas de maldições." Naquele exato momento, durante a Missa, tive uma visão da fachada de nossa casa, com vários espíritos saindo de lá. Era como se fosse fumaça em formato de gente. A partir deste dia (era dezembro), nunca mais aconteceram coisas estranhas aqui em casa: agora tudo é paz.

E não foi só isso: em julho do ano passado, através do repouso, senti um amor sem explicação: senti a presença de Deus e a continuo sentindo até hoje. Fui liberta da depressão. Aprendi a amar, a perdoar e dar valor à vida – hoje sou uma nova pessoa.

Agradeço a Deus em primeiro lugar, e ao senhor, padre Anderson!

[NÃO IDENTIFICADO]

Venho compartilhar as graças que recebi.

Nas semanas das orações para quebra de maldições, fiz três pedidos: pela minha situação financeira, pela venda de um imóvel e pela libertação da minha família (um caso de alcoolismo e drogas). Na época, eu tinha um apartamento que estava vendendo e até apareciam pessoas interessadas, mas sempre desistiam, ou a documentação delas estava irregular, ou não conseguiam aprovação do financiamento no banco.

Decidi então levar a documentação a uma dessas Missas, e pedi muito a Nosso Senhor pela venda do apartamento. Na hora em que o senhor passou com o Santíssimo, parou na minha frente e colocou o Santíssimo no envelope que estava em minha mão... Logo depois, uma de suas intercessoras, a Jully (que também canta nas Missas), profetizou: uma pessoa pedia pela venda de um imóvel, mas a graça estava sendo alcançada. Era comigo: na hora eu tomei posse! Aproximadamente uns dois meses depois, recebi uma proposta e consegui vender o apartamento à vista. Com a venda, quitei minhas dívidas de um empréstimo e as outras contas. E não foi só isso! Minha tia que sofria de alcoolismo e drogas está liberta, em Nome de Jesus...

Padre Anderson, as lutas pela minha família continuam, mas vejo o Senhor Jesus agindo com muito poder. Agradeço-lhe muito, padre, por ser um canal e uma seta que indica o caminho do Céu!

Fique na Paz de Cristo e no Amor de Maria!

[NÃO IDENTIFICADO]

No dia 27 de julho de 2015, alcancei uma graça na Missa de cura e libertação.

Sou de uma paróquia da diocese, e desde 2013 participo de um grupo que tem muitos jovens. Infelizmente, muitos deles se afastaram uns dos outros por problemas de inveja de cargo (coordenação), e isso acabou formando uma série de pequenos grupos que passaram a fazer fofocas entre si. Inclusive, um dos que iniciaram toda a confusão (e olhe que ele já tem 15 anos de caminhada!) chegava a nos ameaçar de morte! Falava que ia dar um tiro na gente, e uma série de coisas horríveis! Já estávamos com medo, pois nem sempre se pode confiar no ser humano. Mas nossa oração era fervorosa...

Esse moço é uma pessoa muito orgulhosa, e sempre fazia questão de deixar a gente para baixo diante dos outros. Isso durou um ano e meio, um período de medo e aflição – pois até no pátio da igreja esse jovem nos afrontava! Mesmo assim, depois de tantas ameaças e tantos xingamentos, continuamos a rezar. Então, na Missa de cura de 27 de julho, eu e mais cinco amigos participamos da Missa ao lado desse jovem. Nós rezávamos muito, e com tanta intensidade que nossa língua já estava ficando dormente.

Pois então aconteceu! Na saída da Missa, recebemos uma mensagem desse jovem pelo celular, que dizia: "Boa Noite, sei que por SMS não é lugar de pedir perdão, mas é tudo MUITO difícil... Quero pedir perdão por tudo o que fiz contra vocês. Ouvir aquela mulher moreninha que canta na Missa do padre Anderson [a Jully] fez com que meu coração tivesse mais AMOR... Sei o quanto ofendi e magoei vocês. Porém meu coração está arrependido, e eu peço PERDÃO".

Padre Anderson! Hoje meu coração se encontra cheio de alegria e fé, pois eu sabia que meu Deus nunca iria nos abandonar... Paz e bem!

[NÃO IDENTIFICADO]

Bom dia, padre Anderson! Gostaria de compartilhar com você a bênção que recebi.

Na segunda-feira passada, no primeiro dia do Cerco de Jericó, pedi a graça de um trabalho que fosse perto da minha casa e que viesse de Deus. Trabalho na área da estética, e na terça-feira seria meu último dia de curso – e neste exato dia recebi uma mensagem com a oferta de um emprego abençoado. Hoje, completa uma semana que eu estou lá, graças a Deus! Ontem, agradeci demais! E mais uma vez aprendi novos ensinamentos...

[NÃO IDENTIFICADO]

Padre Anderson, é uma bênção poder estar dividindo esses milagres com o senhor.

Tenho 53 anos, moro na Vila Constância (SP), e há um ano frequento o Santuário Mãe dos Aflitos. Desde essa época, minha vida vem mudando muito. Uma das libertações foi o vício do cigarro – eu fumava desde os 14 anos! Segundo milagre: fui liberta de um companheiro que só queria me prejudicar, pois só causava desunião na minha família. E o terceiro foi a cura de um cisto no meu joelho direito.

Atribuo – e agradeço – todos estes milagres a Jesus e à Sua mãezinha, Maria Santíssima. E, é claro, à ajuda do senhor! Muito obrigado, padre Anderson, e também Jesus Cristo, por ter colocado o senhor na minha vida!

[NÃO IDENTIFICADO]

Sua bênção, padre Anderson!
    Recebi a cura de um cisto muito grande, que nascera na mão direita. Eu já havia passado no médico, que dissera que era preciso tirá-lo – mas incomodava, doía e esteticamente era muito feio. Pois veja só: na segunda Missa de quebra de maldições fui curada. Não sinto mais nada! Graças ao nosso glorioso Deus e à sua Missa maravilhosa.
    Obrigada, padre Anderson – e que Deus o ilumine cada vez mais!

Direção editorial
Daniele Cajueiro

Editor responsável
Hugo Langone

Produção editorial
Adriana Torres
Mariana Teixeira

Revisão
Fernanda Mello

Projeto gráfico e diagramação
Filigrana

Este livro foi impresso em 2017
para a Petra.